公共文化财政支出绩效评价研究

魏义方　吴岩　何倩　等著

企业管理出版社
ENTERPRISE MANAGEMENT PUBLISHING HOUSE

图书在版编目（CIP）数据

公共文化财政支出绩效评价研究 / 魏义方等著 .—北京：企业管理出版社，2022.4
ISBN 978-7-5164-2562-6

Ⅰ. ①公… Ⅱ. ①魏… Ⅲ. ①公共管理 – 文化工作 – 财政支出 – 经济效率 – 评价 – 研究 – 中国 Ⅳ. ① F812.453

中国版本图书馆 CIP 数据核字（2022）第 032346 号

书　　名：公共文化财政支出绩效评价研究
书　　号：ISBN 978-7-5164-2562-6
作　　者：魏义方　吴　岩　何　倩　等
策划编辑：侯春霞
责任编辑：侯春霞
出版发行：企业管理出版社
经　　销：新华书店
地　　址：北京市海淀区紫竹院南路 17 号　　**邮编：**100048
网　　址：http://www.emph.cn　　**电子信箱：**pingyaohouchunxia@163.com
电　　话：编辑部18501123296　发行部（010）68701816
印　　刷：北京虎彩文化传播有限公司
版　　次：2022年4月第1版
印　　次：2022年4月第1次印刷
开　　本：710mm × 1000mm　1/16
印　　张：12.5印张
字　　数：140千字
定　　价：68.00元

前言

财政是公共文化服务发展的重要保障。随着居民公共文化需求的日益增加，我国公共文化财政支出规模快速增长，财政投入力度持续加大。与此同时，近年来，随着经济增长速度放缓，财政收入的增长速度有所下降，财政收支压力不断加大。在此背景下，如何提升公共文化领域财政资金投入的效率和效果，提高服务效能，推动构建现代公共文化服务体系显得尤为重要。公共文化财政投入的效率怎样？如何有效评价公共文化财政支出的绩效？在理论和实践层面有哪些有益探索？这些问题得到了学术界越来越多的关注。对公共文化财政支出绩效评价开展深入研究，有助于提升公共文化服务效能，对于进一步提高财政资金的使用效益具有重要意义。

本研究在进一步加快文化改革发展、深化财税体制改革、推进国家治理体系和治理能力现代化等宏观背景下，分析公共文化财政支出绩效评价的新趋势和新情况，梳理近年来相关领域的新理论和政策进展，剖析其时代内涵及原则取向，尝试构建绩效评价工具库，并进行实证分析和地方实践剖析，进而提出提高公共文化财政资金使用效益和优化财政支出绩效评价的对策建议。

通过实证分析和典型地区实践剖析，本研究探讨了当前公共文化财政支出绩效存在的问题以及绩效评价在实践中面临的挑战，并提出了有针对性的对策建议，有助于进一步提高财政资金的使用效率，提升公共文化服务效能。

本研究探索将公共文化财政资金的使用过程划分为公共文化服务“机构建设”和“服务送达”两个阶段，通过构建公共文化财政支出绩效评价投入共享型两阶段 DEA 模型，着力量化探讨不同阶段以及财政资金使用全过程的效率情况。此外，本研究还系统梳理了公共文化财政支出绩效评价的有关方法，构建了绩效评价工具库，以期为相关研究提供借鉴和参考。

本书是国家社科基金艺术学青年项目“公共文化财政支出绩效评价研究”的最终成果，是集体研究的结晶。魏义方负责全书的总体设计和统稿。本书各章分工如下：第一章由魏义方执笔，第二章由吴岩、何倩、卢倩倩执笔，第三章由何倩、魏义方执笔，第四章由卢倩倩执笔，第五章由魏义方执笔，第六章由李帆执笔，第七章由吴岩执笔，第八章由魏义方、吴岩执笔。

目 录

第一章 引言

一、研究背景与研究目的

（一）研究背景

1. 重视财政绩效评价成为全球发展趋势

20 世纪 70 年代兴起的新公共管理运动推动了政府绩效管理的发展，政府绩效管理作为一种全新的政府管理模式，已成为公共管理领域具有前瞻性的研究热点之一。作为政府绩效评价的一个重要组成部分，财政支出绩效评价正日益得到世界各国理论界和实践部门越来越多的重视。越来越多的发达国家和发展中国家在政府支出活动中推行绩效评价和绩效管理，通过公共服务领域的绩效评价促进服务水平的不断提升。

从国际上来看，20 世纪 70 年代以来，一方面，石油危机引发的西方发达国家经济衰退导致财政收入下降，政府面临财政困境；另一方面，随着西方各国政府职能扩张、规模扩大，造成机构臃肿、效率低下。在此背景下，加之信息技术革命的影响，改革政府管理模式的需求日益紧迫，财政支出绩效评价在西方发达国家快速发展起来（姚凤民，2006）。当前，财政支出绩效评价在很多西方国家已实现法制化和常规化管理，成为政府管理的重要组成部分。

从国内来看，近年来，随着我国政府职能转变的不断推进、公共产品和公共服务需求的日益增加，公共服务财政支出逐年升高。财政支出绩效评价作为政府绩效管理的一个重要内容，也得到了国内实践部门和学术界越来越多的关注。党的十六届三中全会首次提出了“建立预算绩效评价体系”；党的十七届二中、五中全会提出了“推行政府绩效管理和行政问责制度”和“完善政府绩效评估制度”；党的十八届三中全会指出，科学的财税体制是优化资源配置、促进社会公平的制度保障；党的十九大进一步提出，要“建立现代财政制度”，“全面实施绩效管理”。注重公共财政支出的效率和效果，是加快转变政府职能、建立服务型政府的必然要求。

2. 我国公共文化财政支出绩效问题备受瞩目

文化兴则国运兴，文化强则民族强。2020 年 9 月 22 日，习近平总书记在教育文化卫生体育领域专家代表座谈会上强调：“统筹推进‘五位一体’总体布局、协调推进‘四个全面’战略布局，文化是重要内容；推动高质量发展，文化是重要支点；满足人民日益增长的美好生活需要，文化是重要因素；战胜前进道路上各种风险挑战，文化是重要力量源泉。”提升公共文化服务水平是对新时代社会主要矛盾变化的现实回应。公共文化服务是特殊的文化产品，处理好社会效益和经济效益的关系是文化发展中的重要议题。

公共财政是公共文化服务发展的重要保障。随着居民公共文化需求的日益增加，我国公共文化财政支出规模快速增长，财政投入力度持续加大，尤其是“十二五”以来，财政向文化领域的倾斜力度显著增强。例如，全国文化事业费由 2010 年的 323 亿元增加至

2019年的1065亿元，年均增长速度达14.2%，文化事业费占财政支出的比重由2010年的0.36%提高至2019年的0.45%。与此同时，近年来，随着经济增长速度放缓，财政收入的增长速度有所下降，财政收支压力日趋加大。在这一背景下，公共文化财政支出绩效评价问题备受关注。

（二）研究目的

公共文化服务供给侧与需求侧呈现的新特点，给公共文化财政支出绩效评价带来了新的挑战，传统的重硬件轻软件、重客观轻主观、重经济效益轻社会效益的绩效评价方式已难以适应新的发展要求。同时，如何提升公共文化领域财政资金投入的效率和效果，提高服务效能，推动构建现代公共文化服务体系显得尤为重要。为此，2015年中共中央办公厅和国务院办公厅联合印发《关于加快构建现代公共文化服务体系的意见》，明确要求对公共文化服务资金管理使用情况开展绩效评价；2017年起施行《公共文化服务保障法》，进一步提出要加强公共文化服务资金使用的绩效考评。公共文化财政投入的效率怎样？如何有效评价公共文化财政支出的绩效？在理论和实践层面有哪些有益探索？这些问题得到了学术界越来越多的关注。

本研究尝试基于当前面临的新形势，以治理理论、新公共服务理论为支撑，探讨公共文化财政支出绩效评价的新内涵，并综合运用定性和定量分析方法，对公共文化财政支出绩效评价进行实证分析。公共文化服务作为公共服务的重要组成之一，对于满足民众的精神文化需求以及提高全民文化素质具有重要作用，进而对适应当前社会矛盾转变的现实、不断满足人民的物质文化需求具有重要价值。公共文化财政支出的效率、效果直接关乎公共文化服务的供给情况。对公共文化财政支出绩效评价开展深入研究，有助于进一步提高财政资金的使用效率和效果，对于提升公共文化服务效能具有重要的实践意义。

二、文献综述

（一）公共文化服务

在新时代背景下，社会的主要矛盾发生了变化。为了满足人民日益增长的美好生活需要，党的十九大报告提出了“完善公共文化服务体系”的要求。“公共文化”因将“公共”与“文化”相结合，具有公益性、宣传性、普惠性的特点（杨林和许敬轩，2016），正是因为公共文化的特殊性，从而可以在一定程度上实现效率与公平的兼顾。从具体表现形式来看，公共文化的呈现主要有物质和精神两个层面：物质层面主要涉及一些具有公益性特征的基础设施，如博物馆、图书馆、文化馆等；精神层面则主要涉及传统和现代文化所传达出的精神内涵。精神层面的公共文化须以物质层面的公共文化为前提，公共文化本身的建设过程就是物质和精神层面的公共文化的供给过程。

关于公共文化服务的定义，《公共文化服务保障法》指出，公共文化服务是指“由政府主导、社会力量参与，以满足公民基本文化需求为主要目的而提供的公共文化设施、文化产品、文化活动以及其他相关服务”。公共文化服务体系的建设对于满足公民基本文化需求、保障公民基本文化权益、繁荣社会主义先进文化、实现中华民族伟大复兴中国梦具有重大意义。公共文化服务当前已被纳入基本公共服务均等化发展战略的顶层设计当中，这凸显出公共文化服务在满足群众基本文化需要上的公益性、普惠性等特点。由于公共文化服务追求社会效益的增加，具有公共物品的属性，即非营利性、非竞争性、非排他性，单纯依赖市场机制并不能保证公共文化服务的有效供给，尤其是在国家主流价值观需要塑造的情境下（Dahlby 和 Warren，2003；周晓丽，2008）。因此，政府成为公共文化服务的主要供给主体，同时企业、社会组织是公共文化服务的重要生产主体。多元主体的参与符合多中心治理的理念，有利于发挥各主体的积极性，提高公共文化财政资金的使用效率和效果。

（二）绩效评价

公共服务支出绩效涉及绩效预算（Performance Budget）的概念，绩效预算是一个需要考量项目、部门、政府等多层次绩效的预算安排。但是，由于中国的特殊国情和制度安排，绩效预算便发展成了预算绩效管理的概念，从管理的角度来提高单项公共服务预算支出的绩效水平，其中绩效信息包括投入（Input）、产出（Output）、结果（Outcome）等方面。

西方国家对公共服务绩效的评估多涉及质量管理的内容，初期大都借鉴企业服务质量管理的研究，具体从民众满意度出发来设计调查问卷，此为公共服务绩效的主观性测量方法。要缩小服务供给与公民满意度二者之间的绩效差距，管理者必须采取顾客导向的发展策略，因为服务供给者能够直接满足用户需求。Parasuraman、Zeithaml 和 Berry（1988）提出的顾客感知模型（SERVQUAL）是常用的方法之一，他们认为公共服务质量是民众期待和其所感知到的公共服务绩效二者的对比，具体是依据五种维度测度公共服务质量，分别为有形性（Tangibility）、可靠性（Reliability）、响应性（Responsiveness）、保证性（Assurance）以及移情性（Empathy）。在后续的探索中，也有学者对将民众满意度作为绩效测量指标的主观性做法进行了批判。例如，Stipak（1979）认为使用民众满意度的数据去评估服务绩效可能会产生误解而非阐明，因为这些主观性数据存在概念上和统计技术上的复杂性，适用于分析特定的绩效信息，这些绩效信息由于其无形性而无法使用其他方法进行测量，只能借助于调查问卷。因此，很多学者提倡将市民问卷数据与更客观的指标相结合，从而发展出一个更全面的项目绩效评估方式（Brown 和 Coulter，1983；Parks，1984）。

根据评估的主体和范围不同，可将公共服务绩效与受众满意度二者进行区分。绩效评估可视为对公共服务质量的内部测量，即关注公共服务供给过程中的政府行为，评估公共服务的供给效果（Effectiveness），相应地，对满意度的评估则是对公共服务质量的外部测量（Kelly 和 Swindell，2002），这是将评估主体的区分加入质量测量的过程中。西方国家对于公共服务绩效的评估越来越趋向于囊括主客观信息的综合性、全过程评估，即涵盖从政府管理者角度出发的客观性（Objective、Hard）绩效评估与从民众角度出发的主观性（Subjective、Soft）满意度评估。

不同的文献对绩效的界定有所差异，学术界尚未形成一致的定义。绩效的含义比较广泛，包括水平和效果等多个范畴。当前学术界在对公共服务进行评估时有绩效、水平、效果、质量等提法，在现有研究中将上述概念混用的情形比较多。根据评估过程和对象的不同，丛树海、周炜和于宁（2005）认为绩效评估涵盖投入是否满足经济性要求，过程是否合规和合理；就行为结果而言，绩效评估又包括产出与投入相比是否有效率，绩效评估的对象遍及是否达到预期的目标以及产生的中长期影响如何，这里的影响既包括经济的影响，又包括社会的影响。因此，绩效包含了效益、效率和有效性三个重要维度。财政部（2011）将财政支出绩效评价定义为财政部门和预算部门（单位）根据设定的绩效目标，运用科学、合理的绩效评价指标、评价标准和评价方法，对财政支出的经济性、效率性和效益性进行客观、公正的评价。

关于公共服务绩效的评估方法，现有文献是从不同维度出发搭建公共服务质量测量指标体系，从而进行实证分析。例如，张钢、牛志江和贺珊（2009）以公民价值为导向来设计测度指标并进行实证分析。国内很多关于公共服务质量的空间差异研究大都借鉴马慧强、韩增林和江海旭（2011）的研究，设计了具体的基本公共服务质量测量二级指标体系，研究中的指标包括投入性指标和结果性指标两类。还有很多学者运用 DEA 模型对公共服务的绩效信息进行评估，例如，陈昌盛和蔡跃洲（2007）、陈晶璞和闫丽莎（2011）、肖建华（2012）、陈刚和赖小琼（2015）对基本公共服务的绩效信息进行相对技术效率评价。另外，吴乐珍（2012）、王永坚（2012）等学者使用因子分析法对省级公共服务进行绩效评估。

关于公共服务绩效的评估工具，除了上述文献中所提到的 DEA 模型、因子分析法之外，很多文献还采用熵值法对公共服务绩效进行综合性评估。例如，马慧强等（2011）、王晓玲（2013）、豆建民和刘欣（2011）、卢洪友和田丹（2013）、柯善咨和尹靖华（2016）等学者运用熵值法对基本公共服务省级或者地市级指标数据进行综合测度，具体步骤是首先将指标范围内的数据实施无量纲化，然后采用适宜的权重进行加权汇总，最后输出相应的综合绩效测度结果。

在公共文化服务绩效评价方面，陈威（2006）、毛少莹（2007）等学者在构造公共文化服务绩效衡量指标体系时，均将政府投入指标作为一类重要的维度纳入其中。蒋建梅（2008）基于政府公共文化服务体系的内涵，建立了其绩效评价指标体系，分析了公共文化服务体系各项评价指标的基本要求。翟婧（2018）利用 DEA 方法实证分析了西北民族地区（宁夏、甘肃、青海、新疆）在基本公共文化服务方面的综合效率及其纯技术效率和规模效率。

（三）财政支出绩效评价

在新时代背景下，对财政支出实施绩效评价是全面推行绩效预算的必然要求。有效的财政支出绩效评价体系是政府绩效管理的重要组成部分和工具，通过财政支出绩效评价不仅有助于向公众和企业提供政府部门职能履行程度的相关信息，也有助于更好地监督政府以及优化政府的财政支出决策。

20 世纪 60 年代以来，美国会计总署提出了“3E”和“4E”的财政支出绩效评价原则，后者是对前者的补充和完善，“3E”即经济性（Economy）、效率性（Efficiency）和效果性（Effectiveness），“4E”则是在此基础上增加了公平性（Equity）。上述原则在实践中得到了广泛的运用，原则的调整也体现出财政支出绩效评价内涵和外延的变化，从而实现效率与公平的兼顾。国内学者李金珊和王倩倩（2018）将“3E”原则改良为效率、公平、效果以及可持续性（Sustainability）四个方面，并将其作为维度延伸出可用于大多数财政专项支出评价的通用体系，其中可持续性维度方面主要涉及资金与可替代性两个二级指标。财政支出规模绩效主要涵盖两方面的内容，即支出规模和产出规模，而在效率层面主要关注投入与产出的比率，在均等化层面主要侧重公共文化服务的公平配给。考虑到财政支出的流程存在差异，许敬轩（2014）认为财政支出绩效评价应从财政支出的来源（规模绩效）、使用（效率绩效）、配置（均等化绩效）三个维度展开。

在实践中，财政部的相关政策文件对财政支出绩效评价进行了界定。财政部 2011 年 4 月发布的《财政支出绩效评价管理暂行办法》（财预〔2011〕285 号）中，将财政支出绩效评价定义为“根据设定的绩效目标，运用科学、合理的绩效评价指标、评价标准和评价方法，对财政支出的经济性、效率性和效益性进行客观、公正的评价”。财政部 2020 年 2 月印发的《项目支出绩效评价管理办法》（财预〔2020〕10 号）进一步将项目支出绩效评价明确为“依据设定的绩效目标，对项目支出的经济性、效率性、效益性和公平性进行客观、公正的测量、分析和评判”。与早期的定义相比，新的概念界定在绩效评价的原则上增加了公平性这一原则，在评价的方式上进一步明确了测量和分析等定量、定性评价方式。

（四）公共文化财政支出绩效评价

公共文化财政支出属于民生性项目支出的范畴，因此公共文化财政支出绩效评价应具有民生性项目支出绩效评价的共性特征。在评价内容上应考察效率、产出以及效果：在效率层面关注公共文化服务能否在满足大多数人需求的同时满足不同个体的不同偏好；在产出层面主要关注公共文化财政支出所输出的服务数量；而在效果层面主要关注公共文化投入所带来的经济与社会效益。现有对应的评估方法有层次分析法、同行评议法、投入产出法等（许云霄，2019）。

国内诸多学者围绕公共文化财政支出绩效评价进行了大量研究，取得了多样化的研究成果。例如，在指标设计和研究层级上，杨林和许敬轩（2013）基于DEA和Tobit两步法实证分析省级公共文化财政支出的效率，具体基于人均公共文化投入和综合产出指标来进行研究设计。赵佳佳（2014）、王银梅和朱耘婵（2015）、江朦朦和张静（2017）将DEA相关方法和Malmquist指数分析相结合，对省级政府公共文化支出效率实施静态与动态的评估。涂斌和王宋涛（2012）基于DEA–Tobit两阶段分析法，在广东省范围开展地市级公共文化支出效率评价。曾志杰和梁新潮（2017）采用层次分析法（AHP），从政府投入、效率、规模和社会参与四个维度出发对福建省九地市公共文化支出绩效进行评价。杨林和许敬轩（2016）从公共治理的视角出发，根据财政投入规模、公共文化服务产出来设计指标体系，运用因子分析方法评价地方财政公共文化服务支出的规模绩效。从上述研究中可以看出，常用的公共文化财政支出绩效评价方法为 DEA 法、层次分析法以及因子分析法等。

在研究方法层面，除了上文所提到的之外，赵永冰（2014）探讨了平衡计分卡在公共文化支出绩效评价模式中的构建；刘鹏和邓凯文（2016）运用参数 SFA 方法和非参数 DEA 方法对地方公共文化财政支出的相对效率进行测度；任洁（2017）采用边际支出倾向和 DEA 效率分析相结合的方法，对公共文化服务供给情况实施了测评；潘炜和傅才武（2018）采用 DEA 模型对准公共文化领域即国有文艺院团的财政支出实施绩效评价，主要从财政投入、产出效率和支出效果三个维度展开。

现有的研究围绕公共文化财政支出绩效评价进行了丰富的探讨，运用的模型或者方法涉及 DEA、AHP 等，并得出了一定的研究结论，例如，公共文化财政支出的绩效水平不管是在省级还是地市级层面均有待进一步提高，区域间呈现发展不均衡等异质性的特点。总体而言，一般性的研究较多，缺少对现实发展阶段和新理论的分析。在不同的发展阶段，公共文化财政支出绩效评价的内涵和外延也会有所不同。同时，受数据等客观因素的影响，现有的研究成果对公共文化服务基础设施等硬件指标、易衡量的客观性指标和经济性指标分析得较多，对服务内容和水平等软件指标、公益性社会价值指标的研究还不足。在新形势和新任务下，需要做更深入、更具体的分析和研究。

三、新形势下面临的新情况和新挑战

（一）经济发展进入新阶段

经过改革开放后几十年的高速增长，我国经济开始进入新的发展阶段，呈现出了不同于以往的新特征。目前我国既处于经济增速换挡期，也进入创新驱动发展和结构深度调整的新阶段，这为公共文化服务发展带来新的挑战和机遇。

支撑公共文化服务发展的财政收入增速放缓。在公共文化服务等民生领域的刚性支出需求增加与财政收入增长速度减缓的双重压力下，在财力可承受范围之内提升公共文化服务水平，既要求提升财政支出效率以缓解财政收入增速放缓导致的政府财政压力，最大限度地挖掘政府的公共财政能力，也要求完善市场机制，更多地发挥市场、社会力量在公共文化服务资源配置中的作用，最大限度地激发全社会的活力和创造力。

产业结构深度调整，为公共文化服务发展提供新助力。随着经济发展进入新常态，产业结构将进入深度调整时期，创新驱动、高端引领的高精尖产业将进一步得到发展，这将为公共文化服务的完善和发展提供新的助力。

（二）群众需求呈现新特点

消费需求模式转换，群众公共文化服务需求呈现新特点。随着居民收入的增加，发展成果更多地惠及广大民众，经济新常态下民众的消费特征由过去明显的模仿排浪式转为个性化、多样化。在公共文化服务领域，随着居民收入的增加，人民群众对公共文化服务在追求基本数量的基础上，还追求质量，对非基本公共文化服务的需求更加个性化和多样化，“一浪接一浪”模板式的大众消费阶段已然结束。如何满足经济新常态下人民群众新的公共文化服务需求，激发公共文化服务的消费潜力，是公共文化服务发展面临的又一挑战。

在新的发展形势下，公共文化服务的生产机制将发生重大变化，过去政府是基本公共文化服务的垄断生产者，今后政府将主要提供制度安排和运行规则，进一步转变政府职能，建设服务型政府，普遍向社会力量购买公共文化服务。

四、公共文化财政支出绩效评价的时代内涵

基于上述文献回顾，本部分对公共文化财政支出绩效评价的相关概念进行界定，并结合新的发展形势和新兴理论拓展公共文化财政支出绩效评价的内涵，进而明确绩效评价的角色定位。

（一）相关概念

借鉴已有研究对绩效的界定，本研究认为绩效是指一项活动的投入、过程、产出、结果和影响。基于预期目标的经济性、效率性和有效性，将其内涵总结为经济、效率和有效性三个维度，其中有效性主要侧重主观性的满意度。

通过对已有文献的梳理，我们可以发现公共文化服务绩效评价的外延较广泛，公共文化财政支出绩效评价是其重要组成部分。财

政是国家治理体系和治理能力的重要影响因子，财政资源应紧密围绕政府的职能进行科学配置。公共文化财政支出对公共文化需求的满足具有资金保障作用，但是并非投入到公共文化领域的资金越多，就能保障公共文化供给效能的提升，为此需要对投入与产出进行关联性分析，而这就表现为对公共文化财政支出进行绩效评价。

由于财政支出的投入载体与影响程度存在差异，财政支出绩效评价可以分为四个层次，从宏观到微观依次为：整个公共部门（纵向层面不同行政层级的政府）的财政支出绩效评价、特定职能部门（横向层面的块块分割）的财政支出绩效评价、特定部门的财政支出绩效评价以及微观上特定项目的财政支出绩效评价。从绩效评价的主体来看，财政支出绩效评价可分为财政部门评价和预算部门评价两种。不同主体构建的绩效评价体系存在差异，主要体现在基于职权的绩效目标以及相应的绩效评价指标、标准与方法上，其中绩效目标是前提与基础，评价指标是工具与手段。财政部门评价主要侧重于对财政资金使用的监督，预算部门评价主要侧重于产出与效果。

（二）时代内涵

随着政府财政收入的增速放缓，改进公共文化服务的供给模式，在增加政府财力投入的同时关注资金的使用效率和效果，对政府投入进行绩效评价显得更为重要。随着国内外公共服务绩效评价理论与实践的发展，服务对象的满意程度逐步引入到传统的强调效益的公共服务绩效观，民众是否满意成为衡量公共服务绩效的重要指标之一，国家基本公共服务发展规划也将群众比较满意设定为基本公共服务发展的主要目标之一。

公共文化服务发展面临着新形势和新趋势，因此有必要结合治理理论和新公共服务理论等新的理论和国内外发展新趋势，在传统的公共文化财政支出绩效评价定义的基础上考量新的时代内涵，这既包括经济效益与社会效益的综合考量，也包括更加合理有效的评价机制。

首先，公共文化服务的产出结果往往包含有不易衡量和量化的成本或收益，这为准确衡量和评估绩效提出了很大的挑战。公共文化财政支出绩效评价不仅要注重对易为量化的经济绩效的度量，更要注重对公共文化服务质量、服务公平性等难以量化的社会绩效的度量。

其次，结合治理理论和新公共服务理论等新的理论，公共文化财政支出绩效评价除了传统的内涵之外，还应包括公众参与、公开透明、回应等新的时代内涵，并且应该针对各地方公共文化服务的特色设计差异化、因地制宜的绩效评价指标，从而能够更好地满足群众的文化生活期待。

综上，本研究认为，公共文化财政支出绩效评价是指按照合理的绩效评价方法和标准，基于经济性、效率性、有效性、公平性的原则，对政府公共文化投入、过程、产出、结果和影响进行科学、客观、公正的评议和评估。建立健全公共文化财政支出绩效评价机制，应促进公共文化服务绩效评价的规范化、常态化发展，建立有效的绩效考核机制、公众参与和公开透明机制、回应与问责机制。

绩效考核机制：提升公共文化服务治理水平，是提高公共文化服务供给效率的重要手段。未来一段时期，要促进公共文化服务提质增效，应强化公共文化财政支出绩效评价，改进服务的质量和效率，建立健全公共文化财政支出绩效评价机制。应加强对公共文化服务统计数据的收集和监测，在评估公共文化服务相关投入的同时，更加注重对公共文化服务的产出、结果和影响的评价，提高公共文化领域财政资金的使用效益。

公众参与和公开透明机制：推进公共文化财政支出绩效评价过程和结果的公开透明，引导公众参与相关决策制定，变被动为主动，形成政府主导、社会参与的良性互动局面。引入第三方评估，发挥高等院校、科研院所等智库的力量，利用第三方机构的独立性和专业性，通过问卷调查、座谈、走访等多种方式，对公共文化服务的供给情况开展评估，加大对公共文化服务项目的监测管理，提升公共文化服务的质量和效益。利用微博、微信等现代化手段及时向群众传达相关信息，保障群众的知情权。通过公众参与机制可获取公众公共文化服务需求信息，一定程度上解决公共文化服务政府供给与公众需求不匹配的问题；通过公众参与决策过程，也会在一定程度上提高公众对公共文化服务的满意度。

回应与问责机制：建立回应型政府，及时、有效、主动地回应人民群众对公共文化服务的关切。公众参与机制和公开透明机制的不断完善，在为回应公众关切提供平台的同时也带来更多的挑战，而回应机制的不断完善可以促进公开透明、强化政府问责、推动公众参与。应加强对公众文化需求的评估，尽可能地发现公众需求并积极回应公众需求，促进公共部门与社会公众的良性互动，为公众提供更有针对性、与公众需求更为匹配的公共文化服务，提升公众的满意度。明确有关部门的回应责任，促进由被动回应向主动回应转变，对“不发声”“不回应”的行为要追究相关责任人的责任，切实保障人民群众的基本文化权益以及对公共文化服务的知情权、参与权和监督权。

参考文献

[1] Dahlby B, Warren N.Fiscal incentive effects of the Australian equalisation system [J]. Economic Record, 2003, 79 (247): 434–445.

[2] Parasuraman A, Zeithaml V A, Berry L L. Servqual: a multiple-item scale for measuring consumer perc [J]. Journal of Retailing, 1988, 64 (1): 12.

[3] Stipak B. Citizen satisfaction with urban services: potential misuse as a performance indicator [J]. Public Administration Review, 1979 (39): 46–52.

[4] Brown K, Coulter P B. Subjective and objective measures of police service delivery [J]. Public Administration Review, 1983, 43 (1): 50–58.

[5] Parks R B. Linking objective and subjective measures of performance [J]. Public Administration Review, 1984, 44 (2): 118–127.

[6] Kelly J M, Swindell D. A multiple-indicator approach to municipal

service evaluation: correlating performance measurement and citizen satisfaction across jurisdictions [J]. Public Administration Review, 2002, 62 (5): 610-621.

[7] 姚凤民 . 财政支出绩效评价：国际比较与借鉴 [J]. 财政研究，2006 (8)：77-79.

[8] 杨林，许敬轩 . 公共治理视域下地方财政公共文化服务支出规模绩效评价 [J] . 东岳论丛，2016 (3)：68-76.

[9] 周晓丽 . 论我国公共文化服务及其模式选择 [J]. 江苏社会科学，2008 (1)：90-95.

[10] 丛树海，周炜，于宁 . 公共支出绩效评价指标体系的构建 [J]. 财贸经济，2005 (3)：37-41，97.

[11] 财政部 . 财政支出绩效评价管理暂行办法 [EB/OL]. http：//www.mof.gov.cn/，2011-04-02.

[12] 张钢，牛志江，贺珊 . 地方政府公共服务质量评价体系及其应用 [J]. 公安研究，2009，38 (5)：31-40.

[13] 马慧强，韩增林，江海旭 . 我国基本公共服务空间差异格局与质量特征分析 [J]. 经济地理，2011，31 (2)：212-217.

[14] 陈昌盛，蔡跃洲 . 中国政府公共服务：体制变迁与地区综合评估 [M]. 北京：中国社会科学出版社，2007.

[15] 陈晶璞，闫丽莎 . 基本公共服务财政支出绩效评价体系研究 [J]. 燕山大学学报（哲学社会科学版），2011，12 (3)：110-113.

[16] 肖建华 . 我国社会性基本公共服务财政投入效率评价——基于 DEA 的分析 [J]. 财经理论与实践，2012，33 (6)：70-75，92.

[17] 陈刚，赖小琼 . 我国省际基础公共服务供给绩效分析——基于以产出为导向的三阶段 DEA 模型 [J]. 经济科学，2015 (3): 55-66.

[18] 吴乐珍 . 基于因子分析法的各省基本公共服务绩效评价 [J]. 统计与决策，2012 (11): 60-62.

[19] 王永坚 . 基于因子分析的省级政府公共服务绩效评价研究 [J]. 福建行政学院学报，2012 (1): 12-18.

[20] 王晓玲 . 我国省区基本公共服务水平及其区域差异分析 [J]. 中南财经政法大学学报，2013 (3): 23-29，158-159.

[21] 豆建民，刘欣 . 中国区域基本公共服务水平的收敛性及其影响因素分析 [J]. 财经研究，2011，37 (10): 37-47.

[22] 卢洪友，田丹 . 中国财政分权对省际基本公共卫生服务绩效的影响 [J]. 技术经济，2013，32 (8): 100-106，129.

[23] 柯善咨，尹靖华 . 民生目标下政府的支出竞争和福利效应 [J]. 统计研究，2016，33 (7): 11-18.

[24] 赵林，张宇硕，焦新颖，等 . 河南省基本公共服务质量空间格局与空间效应研究 [J]. 地理科学，2016，36 (10): 1495-1504.

[25] 陈威 . 公共文化服务体系研究 [M]. 深圳：深圳报业集团出版社，2006.

[26] 毛少莹 . 发达国家的公共文化管理与服务 [J]. 特区实践与理论，2007 (2): 50-51.

[27] 蒋建梅 . 政府公共文化服务体系绩效评价研究 [J]. 上海行政

学院学报，2008，9（4）：60-65.

[28] 翟婧．基于 DEA 方法的西北民族地区基本公共文化服务绩效评价［J］．中国管理信息化，2018（8）：195-196.

[29] 李金珊，王倩倩．财政支出绩效评价体系刍议：3E 维度的引入与改进［J］．财政研究，2018（3）：14-23.

[30] 许敬轩．地方财政基本公共文化服务绩效评价与优化建议［D］．青岛：中国海洋大学，2014.

[31] 许云霄．把握两个层次 管好预算绩效［N］．中国财经报，2019-04-13（007）.

[32] 杨林，许敬轩．地方财政公共文化服务支出效率评价与影响因素［J］．中央财经大学学报，2013（4）：7-13.

[33] 赵佳佳．我国文化事业财政支出效率及影响因素［J］．地方财政研究，2014（8）：54-60.

[34] 王银梅，朱耘婵．基于面板数据的地方政府公共文化支出效率研究［J］．经济问题，2015（6）：35-40.

[35] 江朦朦，张静．中国基本公共文化服务的财政支出效率测度［J］．江汉论坛，2017（3）：102-107.

[36] 涂斌，王宋涛．地方政府公共文化支出效率及影响因素——基于广东 21 个地级市的实证分析［J］．经济问题，2012（3）：18-21.

[37] 曾志杰，梁新潮．福建省九地市公共文化服务支出绩效评价——基于 AHP 的实证研究［J］．集美大学学报（哲学社会科学版），2017（1）：53-62.

[38] 赵永冰．平衡计分卡在公共文化支出绩效评价模式中的构建

［J］. 公共治理评论，2014（1）：169–179.

［39］刘鹏，邓凯文 . 中国省际公共文化支出效率差距与影响因素分析［J］. 经济与管理评论，2016，32（4）：130–137.

［40］任洁 . 基于边际支出与效率测评的公共文化服务供给研究——以福建为例［J］. 中国海洋大学学报（社会科学版），2017（6）：72–77.

［41］潘炜，傅才武 . 准公共文化领域的财政支出绩效评价研究——以国有文艺院团为例［J］. 江汉论坛，2018（11）：146–152.

第二章 理论基础与政策进展

公共文化财政支出绩效评价是涉及艺术文化、经济、管理等多学科的交叉研究范畴，因此该领域具备多元化的理论基础。本章在探究新公共管理理论、成本收益理论、公共物品理论等传统理论的基础之上，着重阐述近年来新兴的新公共服务理论、治理理论等及其在公共文化财政支出绩效评价领域中的运用，并梳理21世纪以来相关领域的政策演进脉络，从而为公共文化财政支出绩效评价的实施提供更为与时俱进的理论基础和政策启示。

一、理论基础

（一）传统理论

1. 新公共管理理论

（1）新公共管理理论的基本观点。新公共管理（New Public Management）理论产生于20世纪80年代，当时西方发达国家在政府僵化和停滞的困境下开展了“政府再造”运动，倡导通过“企业家政府”的塑造来提高政府的运作效率，通过缩减政府规模在一定程度上降低行政成本，从而促进政府职能转变。将企业管理理论和方法运用于公共事务管理领域是新公共管理理论的核心观点，其针对传统科层官僚制存在的不可避免的局限性提出了一系列措施，旨在有效缓解政府当时所面临的赤字危机和信任危机，改善管理效率和服务的产出、结果，不断提升政府部门运作的组织绩效。

新公共管理理论的主要内容包括“企业家政府”精神、业务流程再造等部分，以及客户关系管理、企业资源规划、供应链管理等具体的管理原则和方法，该理论强调通过运用上述企业管理的理念和方法来塑造政府部门组织。

奥斯本和盖步勒（1996）在《改革政府：企业家精神如何改革着公营部门》中阐述了“企业家政府”的十项基本原则，本研究将十项基本原则概括为以下三个维度：第一，对政府的角色进行重新定位，从无限政府转变为有限政府。一方面体现为政府向社会的放权，突出强调市场的重要作用以及政府本身的职能转变；另一方面体现为政府内部不同主体间的关系，强调上级向下级的授权，促进组织结构的扁平化。第二，对政府效能的重视，通过树立顾客导向、引入竞争机制和讲究效果的原则，将政府管理者的身份向“企业家”转变。第三，增强组织对外界环境的反应能力，通过注重预防和以市场为导向实施变革，增强政府的弹性。以企业家精神进行重塑后，政府组织呈现出更为扁平化、弹性化、网络化以及虚拟化的发展趋向。

在新公共管理运动中，具体形成了以新西兰、英国等议会制国家为代表的西敏寺模式和以美国等联邦制国家为代表的政府再造模式，二者的基本思想和核心观点是一致的，区别在于基于不同的制度环境和时代背景而呈现出不同程度的政府内部功能重组。其中，西敏寺模式下政府的集权程度较高，掀起了私有化的发展浪潮，而政府再造模式强调更高程度的竞争与放权。

需要注意的是，新公共管理运动兴起的背景之一是政府干预主义引发了组织僵化与停滞，该理论适应了当时的时代情境，呈现了明显的改革效果。但是政府改革本身具有惰性，该理论不可避免地存在一定的局限性：首先是被广为诟病的对工具理性的过分强调，忽视了对价值理性的关注；其次是以企业家精神对政府组织进行塑造容易造成政府组织目标的偏离以及对公共利益和价值的忽视，不利于服务型政府的构建。

（2）新公共管理理论对公共文化财政支出绩效评价的启示。新公共管理理论以国家和社会之间关系的调整和政府自身管理手段、过程、模式的重塑为主线（董新宇和苏竣，2004），突出了效率的重要意义，对公共文化财政支出绩效评价具有重要的启示，具体表现为以下几个方面。

第一，公共文化财政支出绩效评价应突出结果导向。该理论以纠正传统公共行政理论下科层制的弊端为出发点，将利润动机引入政府公共管理领域，开始关注财政支出的绩效评价，以经济、效率和效能为基本价值，关注的重点不再是在公共文化领域投入了多少，而是产出了多少、效果如何，提倡以企业化的运作方法提高公共文化财政支出的绩效水平。

第二，公共文化财政支出绩效评价应突出顾客导向。政府的财政支出应围绕“顾客”的需求，将民众视为顾客，竭尽全力提高顾客的满意度。在“顾客导向”的驱使下，公共文化财政支出绩效评价中对结果的考量应包括民众的满意度这项重要内容。由于公共文化本身是政府向公众提供的公共服务，因此公共文化财政支出绩效评价不仅要看财政支出的总量，而且要看财政支出的效率以及效果，效果如何重点在于公共文化的目标群体即公众的体验如何以及是否满意。新公共管理理论的顾客导向丰富了公共文化财政支出绩效评价的主体维度。

第三，市场导向的公共管理变革有利于提高公共文化财政支出的绩效。在不断转变政府职能的过程中，通过重塑政府与市场、社会之间的关系，引入竞争机制，更为强调成本意识，有助于提高公共文化财政支出的效率和效果。因此，新公共管理理论的市场导向丰富了公共文化财政支出绩效评价的内容，将政府购买、政府与社会资本合作等多元化公共文化服务供给模式纳入绩效评价的范畴。

第四，公共文化财政支出绩效评价应突出授权导向。在新公共管理运动中，为了减少繁文缛节，注重向下级授权，实施参与式管理。这在公共文化财政支出绩效评价中体现为多主体的参与，尤其是针对支出过程的绩效评价，政府各相关职能部门的工作人员可以参与到公共文化财政支出绩效评价的过程中来，从而丰富绩效评价的内容，增强绩效评价的民主性。

最后，需要注意的是，与新公共管理运动同一时代兴起的还有电子政务，技术与政府变革的相互融合呈现为为了解决传统公共行政理论指导下政府干预主义带来的组织僵化和停滞问题，政府开始将信息通信技术应用于公共领域的政务活动，以提高政府部门的运作效率。那么，公共文化财政支出绩效评价同样可借助信息化的浪潮，通过网上政府、虚拟政府等载体，提高绩效评价本身的效率和效果。

2. 成本收益理论

（1）成本收益理论的基本观点。成本收益分析（Cost-Benefit Analysis）的应用领域非常广泛，其中包括公共产品和服务领域。对于公共产品和服务来说，很多人可以共同受益，但是要想将部分人排除在受益范围之外却非常困难，这就凸显了公共产品和服务的两个重要特征：非竞争性与非排他性。鉴于排他实施起来非常困难，或者即使技术上可以排他，但是成本高昂，因此没有办法促使受益人表达对公共服务的偏好评价。这个时候成本收益分析就变得不易实施和操作，因为收益无法衡量，所以去比较不同方式供给同类收益结果的成本就变得有价值。这就是成本收益分析，经常运用于国防、公共卫生以及公共文化等领域。

成本收益分析是项目评估的重要方式，目的是为评估决策的结果和影响来提供一个系统的流程，这是一个清晰和理性的运作方式，但绝不是唯一一个（其他的决策方式还有多数人投票定理、集体博弈等）（Drèze 和 Stern，1987）。一般会评估决策产生的影响或者成本与收益，即测量公共部门供给公共产品每增加一单位对社会福利产生的总影响，前提是需要有一套界定完善的评估标准体系，因此成本收益分析与绩效评价二者之间紧密相关。

（2）成本收益理论对公共文化财政支出绩效评价的启示。基于成本收益理论，公共文化财政支出绩效评价不仅要考虑经济性，即成本投入的最小化，而且更重要的是追求既定成本下所获取收益的最大化。由于政府的财政收入主要来源于税收，税收的征收对象是民众，因而税收对应的财政收入应该用于为民众谋福祉，增强民众的获得感，既定成本下收益的最大化即是要追求民众能够最大限度地享受公共文化财政支出所供给的公共服务。

因此，公共文化财政支出绩效评价不仅应关注公共文化服务领域的投入规模，还应关注公共文化财政支出的产出效率和效果。公共文化财政支出的增加与公共文化服务产出的增加并不能直接画等号，效率和效果在输入–输出过程中发挥重要作用。

3. 公共物品理论

（1）公共物品理论的基本观点。公共物品（Public Goods）理论的提出为政府干预市场提供了重要的依据。萨缪尔森（Samuelson，1954）对“什么是公共物品”进行了阐述，认为公共物品从广义上可以划分为纯公共物品和准公共物品两种，前者具有非排他性与非竞争性，这两大特征是公共物品理论研究的核心特征，是从技术上判断某物品是否是公共物品的关键性因素。其中，非排他性强调公共物品在消费层面的普遍性和共享性，即无法将其他人排除在公共物品的受益范围外，即便可以做到技术上排他，其成本也非常高；非竞争性是指特定主体消费公共物品并不会影响其他主体消费该公共物品的数量和质量。但是随着社会实践和理论的发展与进步，萨缪尔森关于公共物品的界定的局限性开始凸显，恩德勒（2002）对萨缪尔森的公共物品理论进行了补充，将公共物品理解为社会和个人生活以及追求经济活动的可能性的条件。另外，传统公共物品理论的核心是要解决偏好表达的问题：个人所缴纳的税收与其对公共物品的偏好表达相关联，而个体将有动机低估自己从公共物品中获得的边际效益（“搭便车”的难题）。Stiglitz（1977）对公共物品和私人物品的资源配置的帕累托最优进行了比较，发现实现公共物品的市场均衡和帕累托最优是非常复杂的。

准公共物品是拥有非排他性或者非竞争性的物品，是满足其中一个属性的物品类型，如俱乐部产品和公共池塘资源。Buchanan（1965）将部分可以做到消费排他的公共物品界定为俱乐部产品。Hardin（1968）最早关注公共池塘资源消费无节制引发的公地悲剧问题，这是公共物品“搭便车”引致的公共治理难题。

社会共同需要是以社会伦理道德为基础的公共产品的本质（秦颖，2006）。公共物品的重要特征还有外部性，包括正外部性和负外部性，但是需要注意，外部性的存在和公共物品的缺失虽然都是市场失灵的表现，但是外部性和公共物品二者并不能直接画等号，二者的外延有所交叉。

政府的重要职能之一就是供给公共产品或者服务，资金来源于政府的财政收入，因此财政支出的重要特性是公共性，同时在空间层面具有一定的外溢性，这种外溢性也分为正向外溢和负向外溢两种。地方政府的支出水平受到邻近地区或者经济发展相似地区溢出效应的影响（Case、Rosen 和 Hines，1993），例如，当某地方政府提高本地文化服务领域的财政支出水平，一方面邻近地区的居民可以享受到该地供给的公共文化服务，提高邻近地区的公共文化效益，另一方面也有可能造成当地公共文化服务的拥挤。

（2）公共物品理论对公共文化财政支出绩效评价的启示。公共文化服务具有一定的公共物品特征，当前基本公共文化服务已作为一项基本公共服务纳入均等化发展的战略规划当中。在服务型政府的构建过程中，财政支出是政府履行公共服务职能的具体体现，财政本身的公共性特征决定了其需要为公共文化服务提供资金保障。政府所提供的公共文化服务种类很多，包括纯公共物品和准公共物品，因此对于具有非竞争性或者非排他性的公共文化服务来说，对其相对应的财政投入进行准确、客观的绩效评价具有难度。

公共文化财政支出内含公共物品的外部性特征。一方面，公共文化财政投入的增加带来规模效应，促进公共文化服务水平的提升，对其他领域如教育、产业的发展乃至社会秩序的维护均具有重要的现实意义；另一方面，在“搭便车”机制的作用下呈现出支出的地域外溢效应。因此，从绩效指标的全面性上来讲，公共文化财政支出绩效评价应将支出的外溢效应涵盖在内。从社会各领域的系统性发展来看，公共文化服务具有一定的正外部性，对教育、科技等领域的发展具有促进作用。如果从地域来看，虽然公共文化服务具有公共性，但是在受益范围上呈现一定的层级性、地域性特点，现实中公共文化服务存在供给不均衡、供需错配等困境。这部分是由于户籍制度的限制依然存在，公众对于部分公共文化服务资源的享受仍存在户籍门槛限制，部分群体不能平等地享受当地的公共文化服务。地方政府在公共文化服务供给方面具有不可推卸的责任，需要不断完善政策体系以解决当前存在的现实难题。

（二）新兴理论

1. 新公共服务理论

（1）新公共服务理论的基本观点。2000 年，Denhardt R B 和

Denhardt J V 发表了《新公共服务：服务而不是掌舵》，此后兴起了新公共服务运动的浪潮。新公共服务理论以民主权利、公民社会等为理论渊源，前提假设在于“仅有效率是不够的，公众对政府不信任的最重要的原因是没有看到一个负责任的政府”，认为负责任的政府注重对公共利益和公共价值的强调，政府部门的首要职责是帮助公民去表达和满足其共同利益，而非去控制和调控社会。因此，该理论是在批判和吸收新公共管理理论的基础上产生的，但并非对后者的一味否定，更多的是一种扬弃，二者所关注的角度和层面不同，理论的重点也不一样，并无高低或者优劣之分，只是适用于不同的时代环境和制度情境。二者争论的本质原因在于底层价值观不同，一个是基于工具理性的效率观，一个是基于价值理性的公平观（张望和张毅，2016），在实践的具体应用中二者可以相互补充，以弥补对方理论的局限性。

新公共服务理论的主要内容包括：第一，政府职能需要转变，由掌舵进一步转变为服务，承认政府的责任；第二，服务的对象是公民而非顾客，与之相对应的价值取向是尊重公民权而非企业家精神，重视人而不只是重视生产率；第三，追求公共利益，在民主性行动的中介下超越个人利益去关注公共利益。

基于人性假设的差异，新公共服务理论衍生出不同于新公共管理理论的价值取向，其将公民视为社会人而非经济人，摒弃了注重效率的市场取向，提倡公平与民主等价值。因此，新公共服务理论强调公共利益、公共价值等公共性，可以弥补新公共管理理论的工具理性所存在的不足。

（2）新公共服务理论对公共文化财政支出绩效评价的启示。

第一，公共文化财政支出绩效评价应凸显政府的服务导向。公共服务供给是政府所需承担的一项重要职能，在文化领域亦是如此。对公共文化财政支出的使用情况展开绩效评价，一方面是要提高政府自身的资源配置效率，另一方面，更重要的是评估公共文化财政支出是否满足了人民群众的文化需求，这也是实践“以人民为中心”发展理念的重要体现。

第二，公共文化财政支出绩效评价应突出对公民权利的重视。公民具有知情权和参与权，应参与到公共文化财政支出绩效评价的过程中，作为重要的评价主体。同时，应发挥公民在公共文化财政支出政策制定、执行等全过程中的重要作用。

第三，公共文化财政支出绩效评价应突出对公共利益的重视。公共文化财政支出不仅强调公民个人的获益，更强调公平与公正的价值取向，因此公共文化财政支出绩效评价应涵盖对基本公共文化服务均等化的评价，其中包括城市和农村之间、地区与地区之间的基本公共文化服务均等化。

2. 治理理论

（1）治理理论的基本观点。随着全球化和民主化的深入推进，“治理”当前已经成为诸多学科和研究领域的时髦词汇，形成的治理理论应用广泛，可以解决各领域当前存在的关键现实问题。随着全球化和民主化程度的不断提高，不管是在政治领域还是在经济领域，各主体间的相互依赖程度提升，民众期待去影响政策制定，既定的集体决策方式正面临挑战，不利于有效解决当前面临的社会难题，不能为改革者提供合适的问题解决框架，这就产生了对新的治理形式的需求。

不可否认的是，治理理论不管是在学术领域还是在实践领域均具有较高的价值，提供了具有挑战性的维度，有助于我们更好地理解经济、社会以及政治领域面临的现实阻滞。但是由于缺乏能够达成共识的内涵和外延界定，该理论在很大程度上被认为是对变革时代经验实践的认知，而不是具有内在一致性的理论体系（弗雷德里克森和史密斯，2008）。也有学者将治理理论等同于新公共管理理论或者新公共服务理论，这也体现出治理理论本身具有强大的包容性。

关于治理的内涵，Schneider（2004）认为治理概念界定的模糊性正是其应用“成功的秘密”。为了明晰其定义，Chhotray 和 Stoker（2010）将治理界定为在有多个参与者或者组织且没有正式控制系统可以规定这些参与者和组织之间关系的环境中的集体决策规则。俞可平（2000）认为，治理是一个上下互动的管理过程，它主要通过合作、协商、建立伙伴关系、确立认同和共同的目标等方式实施对公共事务的管理，最终达到公共利益最大化（即“善治”）的目标。

国内外诸多学者对治理的内涵和外延进行了阐述，虽然定义的角度不同，但大体可以发现治理理论的主要特征，具体包括：①治理主体的多中心化，不仅包括传统意义上的政府部门，也包括企业、社会组织以及公民，他们作为参与者而非被支配者活跃在公共事务管理领域。②各主体之间互动密切，形成各节点充分互动、连接的网络体系，该网络充分利用各主体的优势来供给公共产品或服务，但需警惕合作供给容易内生出责任边界的模糊性问题，因此角色定位的明晰与制度规则的完善非常重要。③治理的领域非常广泛，为妥善协调国家之间、政府内部之间、政府与社会之间、政府与市场之间的关系提供了可能的解决路径。相对应地，也衍生出众多的治理理念，如整体性治理、无缝隙治理、网络治理、协同治理、合作治理等，呈现出不同于传统部门分割式分散化管理的多元化治理图景。

（2）治理理论对公共文化财政支出绩效评价的启示。

一是基于整体性治理的全面绩效预算管理。首先为全过程，不仅要评估公共文化财政支出的结果，也要对公共文化财政资金使用的过程实施绩效评价，实现全过程的公共文化财政支出绩效评价；其次为全层级，不仅需要关注基层地方政府使用公共文化财政资金的效果，也需要关注上层各级政府的财政支出绩效情况，防止资金截留等政策阻滞的产生。需要注意的是，不同的过程环节以及不同的行政层级下公共文化财政支出绩效评价的侧重点不一样，因为各环节、各层级所面临的问题以及要实现的目标并不一致，因此应有针对性地设计绩效评价指标体系和绩效评价方法。

二是网络治理视角下的参与式预算绩效评价，即凸显公共文化财政支出绩效评价主体的多中心化。目前参与式预算已在基层政府的实践中得到不断探索，相对应地，公共文化财政支出绩效评价同样需要多主体的参与，即由多主体来评估参与式预算下支出决策的执行情况，从而形成一个良性的闭合循环，这对于增强民众对政策以及政府的信任具有突出的现实意义。具体来说，公共文化财政支出绩效评价的主体可分为政府内部主体和政府外部主体两类，他们都是公共文化服务供给的利益相关者，政府内部主体包括上级主管部门、本级职能履行部门负责人、部门具体实施人员等，而政府外部主体则包括本地城区市民、本地农村居民、邻近地区居民、非营利组织等。由于不同主体的利益存在冲突，因此各主体的主观评价具有潜在的差异性，需要设计精细化的绩效评价方法以实现客观、准确的评估。

二、相关政策演进

（一）财政绩效评价相关政策演进脉络

财政是国家治理的重要支柱和基础，加快建立现代财政制度，建立全面规范透明、标准科学、约束有力的预算制度，全面实施绩效管理是推进国家治理体系和治理能力现代化的内在要求。自2003年中央提出推进预算绩效评价以来，各级政府和财政部门做了大量工作，财政绩效评价理论和实践都取得了很大进步，财政资源配置和使用中的低效无效问题日益减少，公共服务供给质量和效率不断提高，政府效能得以提升。从我国财政绩效评价政策的演进过程来看，大体可划分为三个阶段。

1. 第一阶段：绩效管理理念引入财政预算管理（2000—2003年）

2000年以后，西方国家的绩效管理理念逐步引入我国，部分部门和地区进行了财政绩效评价试点，开启了主要针对财政支出与国库集中收付、政府采购、收支两条线、财政收支科目等的部门预算改革。2003年，党的十六届三中全会明确提出要对预算绩效进行评价，之后财政部组织对一些重大项目进行绩效评价试点。自中央提出推进预算绩效评价，以及部分中央部门对预算专项进行绩效评价试点以来，部分地方政府成立考评办，对部门和下级政府开展考评；财政部门开展了对预算支出尤其是重点项目支出的绩效评价，中央财政已经初步构建起以项目支出绩效评价为主的一般公共预算绩效管理体系，地方也结合本地实际做出了有益的探索，为全面实施预算绩效管理奠定了基础。

2. 第二阶段：从项目预算绩效评价到预算绩效评价体系的全面建立（2004—2018 年）

随着绩效管理理念在财政预算管理领域的深入人心，预算绩效评价逐步从财政部门内部扩展到其他部门，并开启了以项目预算绩效评价为抓手的试点。从 2004 年起，全国人大财政经济委员会连续多年在年度预算审查报告中提出加强财政支出绩效评价的意见。在项目预算绩效评价逐渐成熟之后，中央和各级地方政府在借鉴国内已有成功经验和国外政府部门预算绩效评价经验的基础上，建立了更为详细具体的预算绩效评价指标体系。这一阶段的主要措施包括以下几个方面。

一是对项目预算绩效评价进行先行试点，由易到难稳步推进。2005 年 5 月、2009 年 10 月，财政部先后印发相关文件，明确了中央部门项目预算支出绩效考评的评价主体、评价主体职责、评价对象、评价程序、评价方法、评价内容体系，并强调推进评价结果公开，为下一阶段开展预算绩效评价管理奠定了基础。2012 年 9 月，财政部发布《关于印发〈预算绩效管理工作规划（2012—2015 年）〉

的通知》(财预〔2012〕396号)。这些政策规定的颁布，标志着我国财政支出绩效评价进入了推广阶段。

二是预算绩效管理的制度化程度不断提升。中共中央、全国人大分别在国家规划和立法层面进一步推进了预算绩效管理的制度化或者说法制化。2008年2月，党的十七届二中全会明确提出推行政府绩效管理，建立科学合理的政府绩效评估指标体系和评估机制。同年，第十一届全国人大常委会第四次会议在关于预算审查结果的报告中也提出，要加强预算支出绩效考核。2012年11月，党的十八大报告再次提出“创新行政管理方式，提高政府公信力和执行力，推进政府绩效管理”，把绩效管理作为转变政府职能、创新行政管理方式的重要改革举措。2013年12月，党的十八届三中全会进一步提出“透明预算、提高效率，建立现代财政制度”。2014年8月，第十二届全国人大常委会第十次会议表决通过了《全国人大常委会关于修改〈预算法〉的决定》,《预算法》在出台20年后完成首次修改并于2015年1月1日起施行，修订后的《预算法》从法律层面对预算绩效管理做了规定，实现了预算绩效管理的法制化。

三是预算绩效管理的全面化程度不断提升，集中体现为预算绩效管理对象的覆盖范围全面扩大、预算绩效管理实施的地域范围全面扩大、预算绩效管理的流程全面覆盖。在预算绩效管理对象的覆盖范围方面，2009年6月，财政部将预算绩效管理的对象由中央财政部门扩大到预算部门。在预算绩效管理实施的地域范围方面，2006年8月、2011年4月、2011年7月，财政部先后印发文件要求加强各地方部门预算改革，尤其是省财政部门预算绩效管理改革，2011 年 4 月《财政支出绩效评价管理暂行办法》（财预〔2011〕285 号）的出台也标志着以绩效评价为主要内容的预算绩效管理工作在全国正式展开。2014 年，修订后的《预算法》从法律层面上将各级政府、各部门、各单位均纳入到预算绩效管理中来，体现了预算绩效管理对象和空间范围的全面覆盖。在预算绩效管理的流程方面，2010 年 12 月，全国财政工作会议要求完善预算绩效管理制度，逐步建立健全绩效目标设定、绩效跟踪、绩效评价及结果运用有机结合的预算管理机制，实现全过程预算绩效管理；2011 年 7 月，财政部印发文件强调预算评价从事后评价向事前、事中和事后的全过程评价转变。

四是预算绩效管理的精细化程度不断提升。2006 年 8 月、2009 年 6 月、2011 年 4 月、2011 年 7 月、2015 年 5 月，财政部多次印发文件，从预算绩效评价主体、预算绩效评价基本原则、预算绩效评价组织管理、预算绩效目标设定及调整、预算绩效评价对象选择、预算绩效评价程序、预算绩效评价方法、绩效报告和绩效评价报告与预算绩效评价结果运用等多个方面系统、明确、详细地进行了阐释和规定，并于 2011 年 4 月制定了财政支出绩效目标申报表、财政支出绩效评价工作流程图以及供参考的财政支出绩效评价指标框架、财政支出绩效报告和财政支出绩效评价报告的统一规范模板。2015 年 6 月，财政部预算评审中心在世界银行的支持下，对财政支出政策绩效评价框架体系开展研究，构建了以结果为导向的指标评价体系。2016 年，项目支出绩效自评首次实现中央部门全覆盖，并针对重点民生政策和部门重点项目支出初步建立了绩效评价常态化机制。2017年，财政部将文化等重点领域的财政支出绩效评价报告提交全国人大常委会，并创新预算绩效管理方式，开展中央部门预算执行结果的绩效自评工作。2018年7月，财政部印发了《关于推进政府购买服务第三方绩效评价工作的指导意见》（财综〔2018〕42号），提出在天津、上海、浙江等10个省市开展试点工作，发挥第三方评价机构的作用，推动政府购买服务的绩效评价工作。

3. 第三阶段：推进全方位、全过程、全覆盖的全面预算绩效管理改革（2018年至今）

随着预算绩效管理基本制度和评价方案的正式确立，财政支出绩效不断提高，部门资金分配更加合理，政府提供公共服务的水平也得到了提高。但财政预算支出仍旧存在责任约束不强、财政资源配置不合理、事前绩效评估缺位等现象。因此，这一阶段我国推进全面预算绩效管理改革主要是继续拓展预算绩效管理的广度和深度，进行查漏补缺，形成预算绩效管理长效机制。

一是明确各级政府全面实施预算绩效管理的时间节点。2018年9月，中共中央、国务院印发《关于全面实施预算绩效管理的意见》，在财政绩效评价工作的方式、方法和结果应用等方面提出了新的要求，明确提出“通过自评和外部评价相结合的方式，对预算执行情况开展绩效评价”“实现绩效评价结果与预算安排和政策调整挂钩”。2018年11月，财政部印发《关于贯彻落实〈中共中央 国务院关于全面实施预算绩效管理的意见〉的通知》（财预〔2018〕167号），明确提出了建成全方位、全过程、全覆盖的预算绩效管理体系的时间点，即中央部门和省级层面在2020年底基本建成，市县层面到2022年底要基本建成，提高财政资金的配置效率和效益。2018年12月修订后的《预算法》指出："各级政府、各部门、各单位应当对预算支出情况开展绩效评价"，党的十九大报告中提出在预算领域全面实施绩效管理，这一方面为公共文化财政支出绩效评价提供了法律依据，另一方面将公共文化财政支出绩效评价纳入预算绩效管理的整体范畴中去考量，对于不断提高公共文化服务的供给水平与质量具有非常重要的现实价值。

二是完善预算绩效管理相关机制。2019年2月，财政部办公厅印发《2019年预算绩效管理重点工作任务》（财办预〔2019〕15号），提出预算绩效指标和标准体系建设、绩效关口向事前和事中聚焦等6方面12项预算绩效管理任务清单。2019年7月，财政部印发《中央部门预算绩效运行监控管理暂行办法》（财预〔2019〕136号），明确了预算绩效运行监控管理的职责分工、监控范围和内容、监控方式和流程以及结果应用。2020年2月，在《财政支出绩效评价管理暂行办法》（财预〔2011〕285号）的基础上，财政部修订并印发了《项目支出绩效评价管理办法》（财预〔2020〕10号），新的绩效评价管理办法对财政支出绩效评价的范围、评价体系和指标、评价标准和方法、评价结果的约束力进行了修订和完善，并新增了责任追究机制。2020年7月，国务院常务会议通过《中华人民共和国预算法实施条例（修订草案）》，明确提出各部门和单位在预算执行中要实施绩效监控并开展绩效评价。

（二）公共文化服务相关政策演进脉络

文化是一个国家、一个民族的灵魂。随着我国综合国力的不断增强，人民群众的物质生活水平大大提高，精神文化需求也在不断增加，人民日益增长的文化需求成为文化体制改革的动力。作为社会主义文化强国的基础性工程，公共文化服务体系建设对于丰富人民群众精神文化生活、增强人民精神力量具有重要意义。从我国公共文化服务相关政策的演进过程来看，大体可划分为三个阶段。

1. 第一阶段：公共文化服务体系加快建立（2002—2011 年）

这一时期，我国通过宏观规划加快公共文化服务体系建设，改善公共文化服务供给。在国家规划层面，2002 年，党的十六大把人民的文化权益得到切实尊重和保障纳入全面建设小康社会的目标，提出国家支持和保障文化公益事业发展的政策措施，拉开了我国公共文化服务体系建设的序幕。2003 年，中央文化体制改革工作领导小组成立，国家开始推进文化体制改革试点工作。2005 年，党的十六届五中全会提出“逐步形成覆盖全社会的比较完备的公共文化服务体系”，标志着我国加快了公共文化服务体系建设的步伐。2007 年 11 月，党的十七大在党的十六大和“十一五”规划的基础上把基本建立覆盖全社会的公共文化服务体系纳入实现全面建成小康社会奋斗目标的新要求，进一步提高了公共文化服务体系建设的战略地位。至此，在国家规划层面对公共文化服务体系建设的要求均聚焦在供给提升方面。2005 年 12 月、2006 年 9 月、2007 年 7 月、2007 年 8 月、2010 年 12 月，中共中央办公厅、国务院办公厅和原文化部等多次出台政策文件，从加强各地区（农村、城市、中西部地区、老少边穷地区）文化基础设施建设、保护低收入群体和特殊群体享受公共文化服务的权益、加强文物保护、扶持民族优秀传统文化、加强基层文化供给等方面提出了具体要求，强化了公共文化服务体系建设的战略布局。

2. 第二阶段：增强公共文化服务财力保障，鼓励多元参与（2011—2017 年）

随着公共文化服务体系的基本形成，党中央、国务院开始着手解决各地基本公共文化服务供给标准不一、服务水平地域差异大等问题。这一阶段的政策措施主要包括推进基本公共文化服务供给均等化、标准化，改善由中央与地方财政事权和支出责任划分导致的公共文化服务供给不足，加强公共文化服务供给监管等方面。

一是推进基本公共文化服务供给均等化、标准化。在推进基本公共文化服务供给均等化方面，2011 年 10 月，党的十七届六中全会提出要实现基本公共文化服务均等化；2013 年 11 月，党的十八届三中全会进一步提出"促进基本公共文化服务标准化、均等化"；2015 年 10 月，党的十八届五中全会提出"引导文化资源向城乡基层倾斜"。可以发现，在国家战略规划层面对公共文化服务体系建设的要求不断提高。同时，中共中央办公厅、国务院办公厅、原文化部、财政部等也发布文件，提出了实现基本公共文化服务均衡发展的要求。国务院印发的《"十三五"推进基本公共服务均等化规划》将包括基本公共文化体育服务在内的基本公共服务总体实现均等化作为"十三五"时期基本公共服务发展的重要目标。原文化部发布的《"十三五"时期文化发展改革规划》要求，全面推进基本公共文化服务均等化，加强贫困地区和边境地区公共文化服务体系建设力度。中共中央办公厅、国务院办公厅联合印发的《国家“十三五”时期文化发展改革规划纲要》明确提出，要“构建普惠性、保基本、均等化、可持续的现代公共文化服务体系”。在推进基本公共文化服务供给标准化方面，2015 年 10 月，党的十八届五中全会强调推动基本公共文化服务标准化发展。

二是注重提高公共文化服务支出资金的使用效率，加强公共文化服务创新。在提高公共文化服务支出资金的使用效率方面，中共中央办公厅、国务院办公厅和原文化部多次强调提高公共文化服务供给效能；2013 年 6 月，财政部、原文化部联合下发文件，就美术馆、公共图书馆、文化馆（站）等建设设立专项补助资金，并加强专项资金使用绩效的评估。在加强公共文化服务创新方面，中共中央办公厅、国务院办公厅、原文化部、财政部等发布文件，从公共文化设施网络布局、公共文化服务方式、公共文化组织体制和运行机制等方面提出了相应的要求，并建议通过创建公共文化服务体系示范区、培育公共文化服务体系项目等为创新公共文化服务体系提供经验。

三是在政府主导之外鼓励社会资本参与。2013 年 11 月，党的十八届三中全会明确提出“鼓励社会力量、社会资本参与公共文化服务体系建设，培育文化非营利组织”。2015 年 1 月，中共中央办公厅、国务院办公厅再次强调构建现代公共文化服务体系应坚持社会参与、共建共享。2015 年 5 月，原文化部等部门专门出台《关于做好政府向社会力量购买公共文化服务工作的意见》，明确提出“推动公共文化服务社会化发展，逐步建立起适应社会主义市场经济的公共文化服务供给机制，为人民群众提供更加方便、快捷、优质、高效的公共文化服务”。

3. 第三阶段：加强公共文化服务立法保障，推动对外开放（2017 年至今）

近年来，我国公共文化建设成绩显著，但随着经济发展水平的提升、居民物质生活的日益丰富，人们对精神文化的需求逐渐增加，相对而言，公共文化设施建设、产品和服务供给、运行机制等方面都还存在一定差距，并且缺乏有效的制度保障。党的十八届四中全会明确提出，要制定公共文化服务保障法，促进基本公共文化服务标准化、均等化。在此背景下，《中华人民共和国公共文化服务保障法》（以下简称《公共文化服务保障法》）启动制定，并于 2016 年 12 月 25 日经全国人大常委会审议通过。2017 年 3 月 1 日，《公共文化服务保障法》正式实施。该部法律是文化领域的综合性、全局性、基础性法律，弥补了文化领域的立法短板，对于推进公共文化服务的法治化、规范化，推进文化治理能力现代化具有重要意义。《公共文化服务保障法》立足于满足人民基本文化需求和丰富人民群众精神文化生活，坚持社会主义先进文化的前进方向，按照公益性、基本性、均等性、便利性的要求，贯彻政府主导、社会参与，对构建现代公共文化服务体系、提高公共文化服务效能做了比较全面的规定。公共图书馆是公共文化服务体系的重要组成部分，为了加强对公共图书馆的管理，2017 年 11 月 4 日，第十二届全国人大常委会第十三次会议通过了《图书馆法》（自 2018 年 1 月 1 日起施行）。

《图书馆法》是国家层面公共文化领域的第一部专门法律，对于推进公共图书馆事业的发展、现代公共文化服务体系的建设具有重要意义。此外，在公共文化服务政务监管方面，2019 年 10 月，文化和旅游部办公厅、国家文物局办公室联合印发《公共文化服务领域基层政务公开标准指引》，明确了公共文化服务领域 45 项基层政务公开事项及工作机制。

这一时期，在公共文化服务领域，对外开放相关政策也加快出台，进一步推动中国文化“走出去”。近年来，我国文化企业、文化产品和服务“走出去”的步伐逐渐加快，政府间以及社会和民间的文化交流不断增多，海外文化阵地建设持续推进，不断传播中国文化。为了加强与“一带一路”沿线国家和地区的文化交流，2017 年 1 月，原文化部发布了《文化部“一带一路”文化发展行动计划（2016—2020 年）》，提出健全“一带一路”文化交流合作机制、完善“一带一路”文化交流合作平台、打造“一带一路”文化交流品牌、推动“一带一路”文化产业繁荣发展等 12 项子计划。随着中国文化“走出去”的步伐加快，在讲好中国故事、传播中国声音、展示中国形象的基础上，中国文化的国际影响力持续增强。

参考文献

[1] Drèze J，Stern N.The theory of cost-benefit analysis [J]. Handbook of Public Economics，1987，2（6）：909-989.

[2] Samuelson P A. The pure theory of public expenditure [J]. The Review of Economics and Statistics，1954，36（4）：387-389.

［3］Stiglitz J E. The theory of local public goods［M］. Basingstoke: Palgrave Macmillan UK, 1977.

［4］Buchanan J M. An economic theory of clubs［J］. Economic（New Series）, 1965, 32（125）: 1–14.

［5］Hardin G. The tragedy of the commons［J］. Science, 1968(162): 1243–1248.

［6］Case A C, Rosen H S, Hines Jr J R. Budget spillovers and fiscal policy interdependence: evidence from the states［J］. Journal of Public Economics, 1993, 52（3）: 285–307.

［7］Denhardt R B, Denhardt J V. The new public service: serving rather than steering［J］. Public Administration Review, 2000, 60（6）: 549–559.

［8］Denhardt R B, Denhard J V. The new public service: putting democracy first［J］. National Civic Review, 2001（4）: 391–400.

［9］Schneider V. State theory, governance and the logic of regulation and administrative control［M］// Warntjen A, Wonka A. Governance in Europe. Baden–Baden: Nomos, 2004.

［10］Chhotray V, Stoker G. Governance theory and practice: a cross–disciplinary approach［J］. Public Administration, 2010, 87（4）: 982–983.

［11］恩德勒．面向行动的经济伦理学［M］．高国希，吴新文，等译．上海：上海社会科学院出版社，2002.

［12］奥斯本，盖布勒．改革政府：企业家精神如何改革着公营部门

[M]. 上海市政协编译组，东方编译所，译 . 上海：上海译文出版社，1996.

[13] 董新宇，苏竣 . 电子政务与政府流程再造——兼谈新公共管理 [J]. 公共管理学报，2004，1（4）：46-52.

[14] 秦颖 . 论公共产品的本质——兼论公共产品理论的局限性 [J]. 经济学家，2006，3（3）：77-82.

[15] 张望，张毅 . 基于信息技术推动下的电子政务创新 [J]. 中国行政管理，2016（9）：150-152.

[16] 弗雷德里克森，史密斯 . 公共管理概论 [M]. 于洪，等译 . 上海：上海财经大学出版社，2008.

[17] 俞可平 . 治理与善治 [M]. 北京：社会科学文献出版社，2000.

第三章 公共文化财政支出现状与特征

本章梳理和分析了我国公共文化财政支出的总量规模、城乡分布、区域结构以及在公共文化财政支出方面中央和地方间的关系等，为开展公共文化财政支出绩效评价奠定基础。

一、公共文化财政支出规模现状

（一）公共文化财政支出情况

1. 公共文化财政支出规模快速增长

已有研究通常采用文化事业费来衡量公共财政对文化的投入情况。文化事业费是指区域内各级财政对文化系统主办单位的经费投入的总和。根据现行统计口径，文化事业费不包括各级文化行政管理部门的行政运行经费，一般包括博物馆、文物保护管理机构等文物事业单位的财政拨款（不含基建拨款）及文物部门所属企业的财政补贴。文化事业费是公共文化服务财政投入的重要组成部分，是公共文化财政支出的狭义口径。从广义口径来看，公共文化还包括体育、广播影视、新闻出版等领域，从这个层面来看，统计口径上的文化旅游体育与传媒支出反映了广义范围上的公共文化财政支出情况。本研究既考察狭义口径的以文化事业费为代表的公共文化财政支出，也考察广义口径的公共文化财政支出。

2000年以来，随着我国经济的快速发展，公共文化财政支出的绝对规模不断扩大，全国文化事业费逐年攀升。如图3-1所示，2000年，我国文化事业费总支出为63.16亿元，2018年，文化事业费总支出增至928.33亿元，与2000年相比，增长了13.70倍，文化事业费总规模不断扩大。2019年，文化和旅游事业费总支出增至1065.02亿元。2000—2019年，全国文化事业费增速最快的年份是2007年，增速达25.9%，增速最慢的年份是2018年，增速仅为8.5%；增速高于20%的年份有5个①，增速低于10%的年份有1个②。

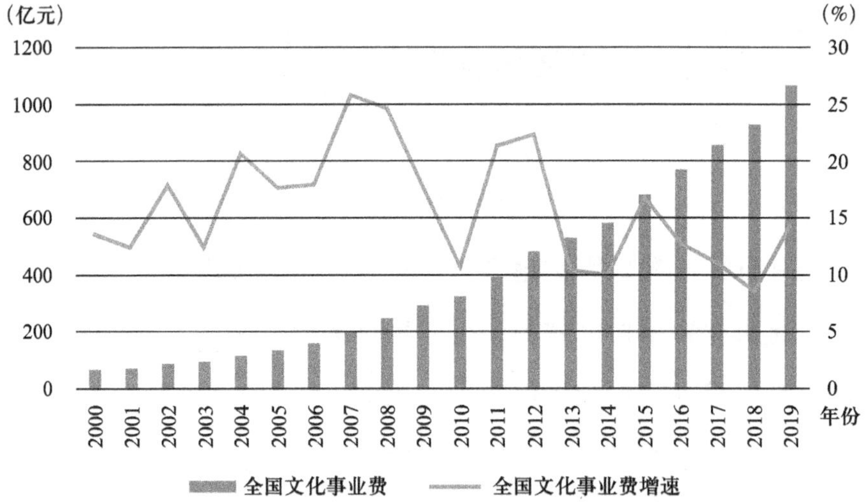

图3-1　2000—2019年全国文化事业费及增速

资料来源：《中国文化和旅游统计年鉴（2019）》《2019年文化和旅游发展统计公报》。

注：2019年文化事业费为文化和旅游事业费，下同。

2. 公共文化财政支出占财政总支出的比重呈先降后升的态势

21世纪以来，文化事业费一直呈上涨趋势，但文化事业费总体

① 分别是2004年、2007年、2008年、2011年和2012年。

② 2018年，全国文化事业费同比增长8.5%。

投入仍然偏低，文化事业费占国家财政支出的比重呈先降后升的态势，2000—2019 年间有 8 年占比达到 0.4% 及以上。2000 年，文化事业费占当年国家财政支出的 0.40%；2018 年，文化事业费占当年国家财政支出的 0.42%；2019 年，文化和旅游事业费占当年国家财政支出的 0.45%（见图 3-2）。2000—2019 年，全国文化事业费增幅低于国家财政支出增幅的年份有 10 个。

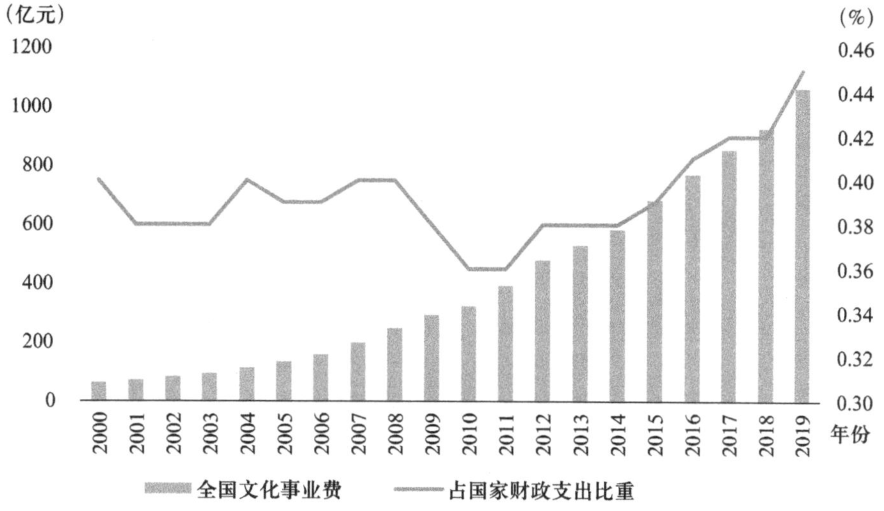

图 3-2　2000—2019 年全国文化事业费及其占国家财政支出的比重

资料来源：《中国文化和旅游统计年鉴（2019）》《2019 年文化和旅游发展统计公报》。

从广义的公共文化财政支出的角度来看，如图 3-3 所示，2002 年[①]到 2018 年，文化旅游体育与传媒支出（原文体广播事业费）由 429.21 亿元增至 3537.86 亿元，增长了 7.24 倍，年均增速为 14.32%。其中，2002 年到 2012 年，文化旅游体育与传媒支出增速

① 2002 年之前，统计年鉴的统计口径为“文教、科学、卫生事业费”，为了保持数据的可比性，对广义口径的公共文化财政支出从 2002 年起进行分析。

较快，除 2003 年、2007 年和 2010 年外，增速均超过 19%，2009 年增速最高，达 27.14%；2013 年到 2018 年，文化旅游体育与传媒支出增速放缓，仅 2013 年和 2015 年增速超过 10%。文化旅游体育与传媒支出占国家财政支出的比重也呈现出类似的趋势，如图 3–3 所示，2002 年至 2018 年，文化旅游体育与传媒支出占国家财政支出的比重呈先高后低的态势，2004 年至 2006 年连续三年占比超过 2%，2016 年至 2018 年连续三年占比降至不足 1.7%，公共文化财政支出未能与财政支出保持同步增长。

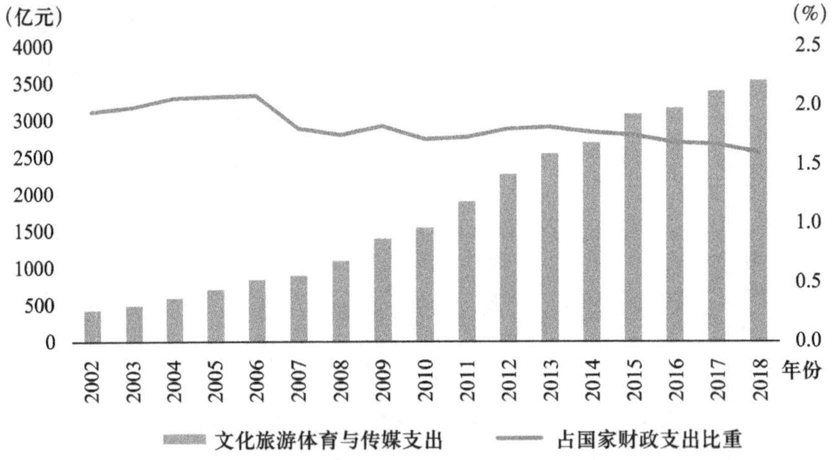

图 3–3　2002—2018 年全国文化旅游体育与传媒支出及其占国家财政支出的比重

资料来源：《中国统计年鉴（2003—2019）》。

3. 公共文化财政投入未能与财政总收入同步增长的局面有所扭转

长期以来，我国公共文化财政投入的增长速度滞后于财政收入的增长速度。2000 年，文化事业费同比增长 13.6%，同年财政收入增长 17.0%，文化事业费增速滞后于财政收入增速 3.4 个百分点，公共文化财政投入未能与财政总收入同步增长；到 2010 年，财政收入增速与文化事业费增速的差距进一步扩大，高出 10.5 个百分点。2000—2011 年，仅有 3 年[①]全国文化事业费增速高于财政收入增速。为了加强公共文化服务的财力保障，2011 年发布的《中共中央关于深化文化体制改革 推动社会主义文化大发展大繁荣若干重大问题的决定》中明确提出，要“保证公共财政对文化建设投入的增长幅度高于财政经常性收入增长幅度”。2013 年印发的《文化部“十二五”时期公共文化服务体系建设实施纲要》进一步指出，要提高文化支出占财政支出的比例。2012 年以来，公共文化财政投入未能与财政总收入同步增长的情况有所改善，全国文化事业费增速持续高于财政收入增速。到 2019 年，文化事业费同比增长 14.7%，同年财政收入增长 4.0%，文化事业费增速高出财政收入增速 10.7 个百分点（见图 3–4）。

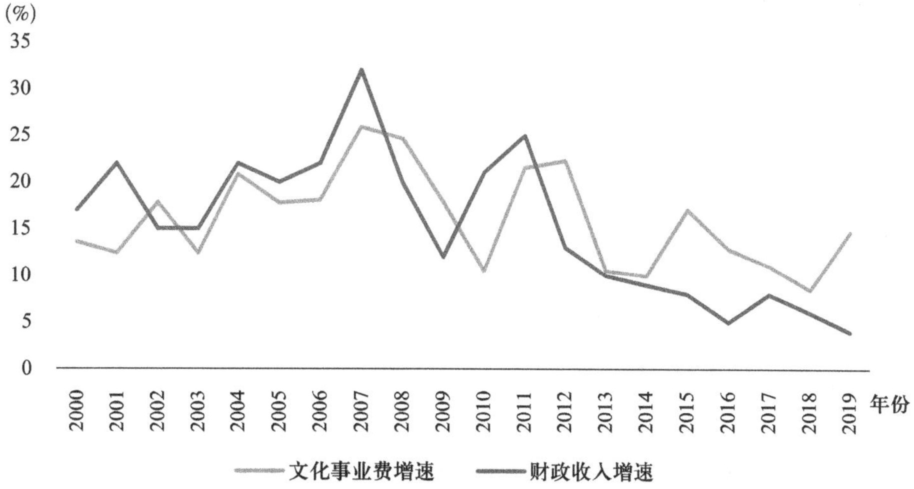

图 3-4　2000—2019 年全国文化事业费和财政收入增速

资料来源：《中国文化文物统计年鉴（2001—2018）》《中国文化和旅游统计年鉴（2019）》《中国统计年鉴（2001—2019）》《2019 年文化和旅游发展统计公报》。

① 分别为 2002 年、2008 年和 2009 年。

4. 人均公共文化支出规模持续增长，但波动幅度较大

2000年以来，全国人均文化事业费逐年上涨，由2000年的4.98元上涨至2019年的76.05元，增长了14.27倍。但部分年份全国人均文化事业费增速较上年有所下降，增速低于10%的年份有3个，高于20%的年份有5个。其中，2007年增速最大，达25.29%；2018年增速最小，仅为8.07%。全国人均文化事业费增速超过20%的年份由高到低排列分别是：2007年（25.29%）、2008年（24.04%）、2012年（21.69%）、2011年（20.96%）、2004年（20.06%）；增速低于10%的年份由高到低排列分别是：2013年（9.96%）、2014年（9.39%）和2018年（8.07%）（见图3-5）。

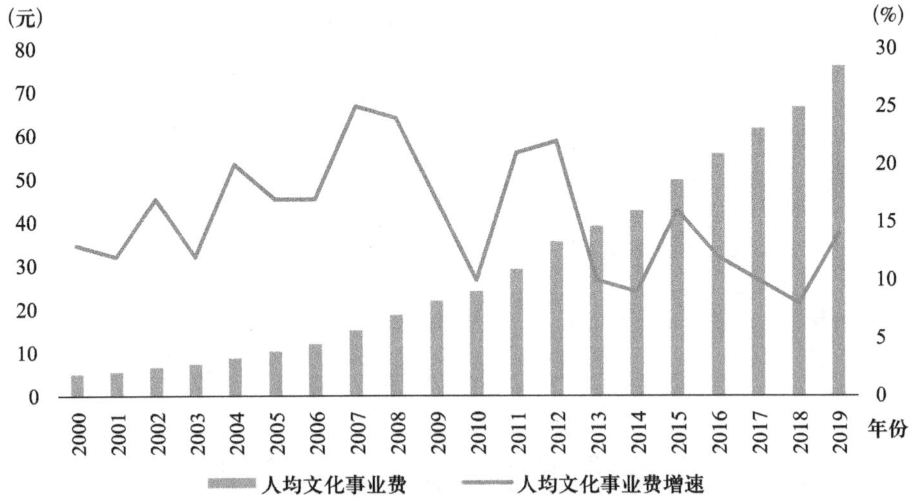

图3-5　2000—2019年全国人均文化事业费及增速

资料来源：根据《中国文化文物统计年鉴（2001—2018）》《中国文化和旅游统计年鉴（2019）》《2019年文化和旅游发展统计公报》《中国统计年鉴（2019）》数据整理计算。

（二）财政投入的产出情况

1. 文化单位机构数和从业人员规模

随着文化体制改革的不断推进和文化事业的不断发展，部分文化机构被取缔或剥离，从统计数据上看，2000—2019 年我国文化机构总量增加不多，但从业人员规模增加较大，2000 年全国文化单位从业人员为 147.20 万人，2016 年增至 234.80 万人，2019 年增至 516.14 万人[①]。

2. 公共图书馆相关情况

公共文化设施是公共文化服务体系的重要组成部分，公共图书馆和群众文化机构[②]数、从业人员数和人均资源情况一定程度上反映了近年来我国公共文化服务发展的状况。2000 年以来，我国公共图书馆数量呈不断增加的趋势，由 2000 年的 2675 个增加至 2019 年的 3196 个，增长了 19.48%；公共图书馆从业人员数量不断攀升，由 2000 年的 51342 人增加至 2019 年的 57796 人，增长了 12.57%；公共图书馆总藏量增长迅速，由 2000 年的 40953 万册增加至 2019 年的 111781 万册，20 年来增长了 1.73 倍；平均每万人公共图书馆面积一直在增加，由 2000 年的 47.3 平方米增加至 2019 年的 121.4 平方米，增长了近 1.57 倍；人均公共图书馆藏量也呈现增长趋势，由 2000 年的 0.32 册增加至 2019 年的 0.79 册，增长了近 1.5 倍（见图 3-6）。

① 受原文化部和原国家旅游局合并的影响，2019 年度统计对象为文化和旅游单位。

② 根据文化和旅游发展统计公报的指标解释，群众文化机构是指各级文化部门主办的开展群众文化活动的场所，主要包括文化馆（含综合性文化中心、群众艺术馆）、文化站。

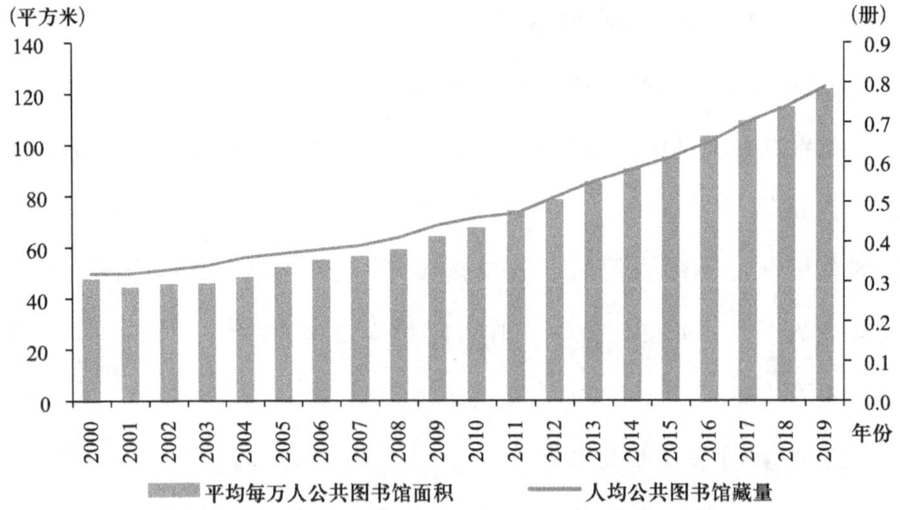

图 3-6　2000—2019 年全国公共图书馆人均资源情况

资料来源：根据《中国文化文物统计年鉴（2001—2018）》《中国文化和旅游统计年鉴（2019）》《2019 年文化和旅游发展统计公报》《中国统计年鉴（2019）》数据整理计算。

3. 群众文化机构相关情况

群众文化机构主要包括文化馆（群众艺术馆）、文化站等。2000 年以来，我国群众文化机构数量总体保持稳定，由 2000 年的 45321 个减少至 2006 年的 40088 个，之后又有所增长，2019 年全国群众文化机构数量增加至 44073 个。群众文化机构从业人员的规模整体呈扩大趋势，由 2000 年的 12.84 万人增加至 2019 年的 19.01 万人，增长了 48.05%。群众文化机构组织和举办活动的次数显著增加。从群众文化机构举办展览的数量来看，2018 年全国群众文化机构共举办展览 15.87 万个，是 2000 年（9.17 万个）的 1.73 倍；从群众文化机构组织文艺活动的次数来看，2018 年全年组织文艺活动 123.13 万次，是 2000 年（27.66 万次）的 4.45 倍；从群众文化机构举办训练班的次数来看，由 2000 年的 14.34 万次增加至 2018 年的 76.9 万次，增长了4.36倍。每万人拥有群众文化设施建筑面积大幅增加，由2000年的人均97.04平方米增加至2019年的人均322.72平方米，增长了2.33倍（见图3-7）。

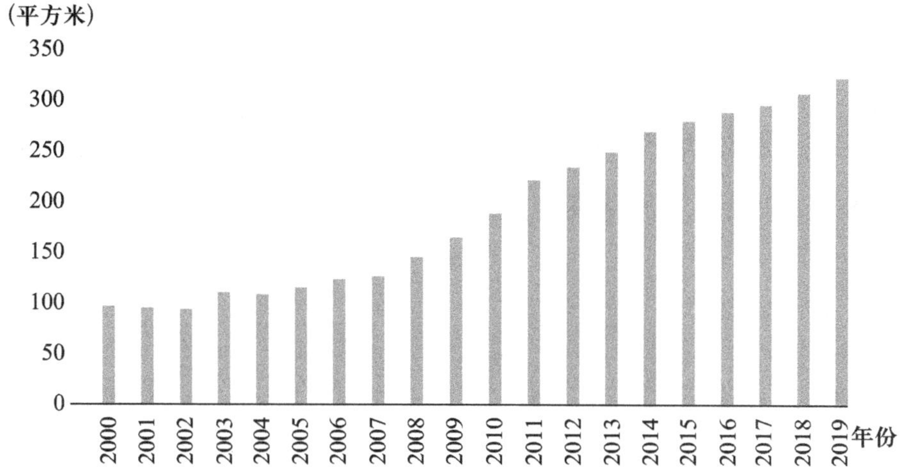

图3-7 2000—2019年每万人拥有群众文化设施建筑面积

资料来源：根据《中国文化文物统计年鉴（2001—2018）》《中国文化和旅游统计年鉴（2019）》《2019年文化和旅游发展统计公报》《中国统计年鉴（2019）》数据整理计算。

二、公共文化财政支出的地区结构

（一）区域差异

近年来，我国公共文化服务均等化进程不断加快，但东、中、西部地区[①]之间的差距仍较明显。2000年，东部9个省份的文化事业费支出总额为288502万元，比中西部文化事业费之和还要高，中部10个省份的文化事业费支出总额为150532万元，西部12个省份的文化事业费支出总额为137059万元；2018年，东部9个省份

① 东部地区包括北京、天津、辽宁、上海、江苏、浙江、福建、山东、广东；中部地区包括河北、山西、吉林、黑龙江、安徽、江西、河南、湖北、湖南、海南；西部地区包括内蒙古、广西、重庆、四川、贵州、云南、西藏、陕西、甘肃、青海、宁夏、新疆。

的文化事业费支出总额增至4162374万元，比2000年增长了13.43倍，中部10个省份的文化事业费支出总额增至2327119万元，比2000年增长了14.46倍，西部12个省份的文化事业费支出总额增至2429358万元，比2000年增长了16.73倍。2000—2018年，西部地区文化事业费增速最快，2008年西部地区文化事业费超越中部地区，2009年有所回落，西部地区文化事业费略低于中部地区，2010—2018年，西部地区文化事业费一直高于中部地区（见图3-8）。

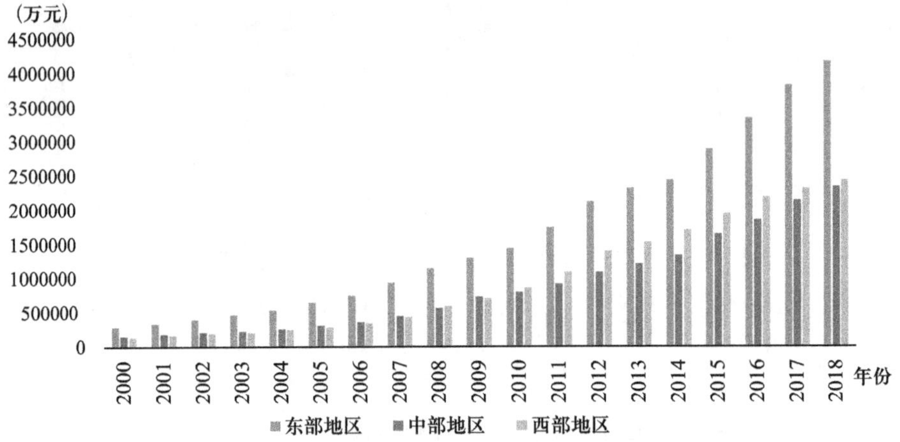

图3-8　2000—2018年东、中、西部文化事业费支出情况

资料来源：根据《中国文化文物统计年鉴（2001—2018）》《中国文化和旅游统计年鉴（2019）》《2019年文化和旅游发展统计公报》《中国统计年鉴（2019）》数据整理计算。

从不同省份的文化财政支出情况来看，省际文化事业费差距明显。2000年，文化事业费支出最低的海南省为3468万元，最高的广东省为58321万元，是最低省份的16.82倍，比最低省份高出54853万元；2018年，文化事业费支出最低的宁夏回族自治区为69172万元，最高的广东省为994681万元，是最低省份的14.38倍，比最低省份高出925509万元。

从文化事业费占财政支出的比重来看，东部地区一直高于中西部地区，中部地区绝大部分年份处于低水平。2000 年，东部地区平均占比为 0.60%，西部地区为 0.53%，中部地区仅为 0.49%；2018 年，东部地区平均占比为 0.55%，西部地区为 0.45%，中部地区仅为 0.40%。总的来说，2000 年至 2011 年东、中、西部文化事业费占财政支出的比重均处于下降趋势，2011 年至 2018 年有所回升，但比重仍然偏低（见图 3–9）。具体到省份，2000 年，文化事业费占财政支出比重最低的黑龙江省、四川省均为 0.45%，最高的吉林省为 0.9%；2018 年，文化事业费占财政支出比重最低的江西省仅为 0.28%，最高的浙江省为 0.78%。

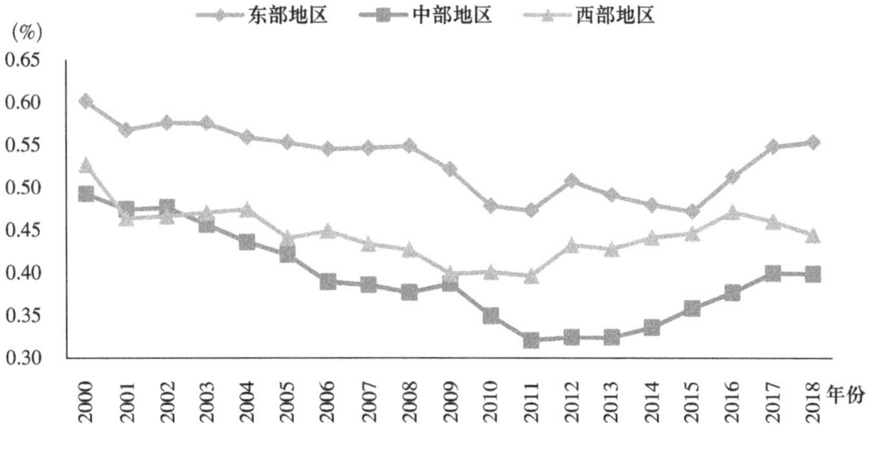

图 3–9　2000—2018 年东、中、西部文化事业费占财政支出的比重

资料来源：根据《中国文化文物统计年鉴（2001—2018）》《中国文化和旅游统计年鉴（2019）》《中国统计年鉴（2019）》数据整理计算。

就人均文化事业费来说，东、中、西部的差距也很明显，东部地区一直处于领先地位，西部地区居中，中部地区一直处于落后状态。2000 年，东部地区人均文化事业费为 7.00 元，西部地区为 3.85

元，而中部地区仅为 3.06 元，占西部地区的 79.48%，仅占东部地区的 43.71%；2018 年，东部地区人均文化事业费为 83.89 元，西部地区为 64.00 元，而中部地区仅为 44.69 元，占西部地区的 69.83%，仅占东部地区的 53.27%（见图 3-10）。2000—2018 年，东部地区人均文化事业费一直高于全国平均值，西部地区仅 2011—2016 年高于全国平均值，其余年份均低于全国平均值，中部地区则一直低于全国平均值。具体到省份，2000 年，人均文化事业费最低的河南省仅为 2.26 元，最高的上海市为 25.45 元，是河南省的 11.26 倍；2018 年，最低的河南省为 28.91 元，最高的西藏自治区为 293.22 元，是河南省的 10.14 倍。中部地区人均文化事业费明显低于东部、西部地区（这与西部地区投入不足的传统认识有所出入，可能的原因是西部地区获得的中央转移支付较大，且人口相对较少），中部地区投入水平较低的现象应引起高度重视。

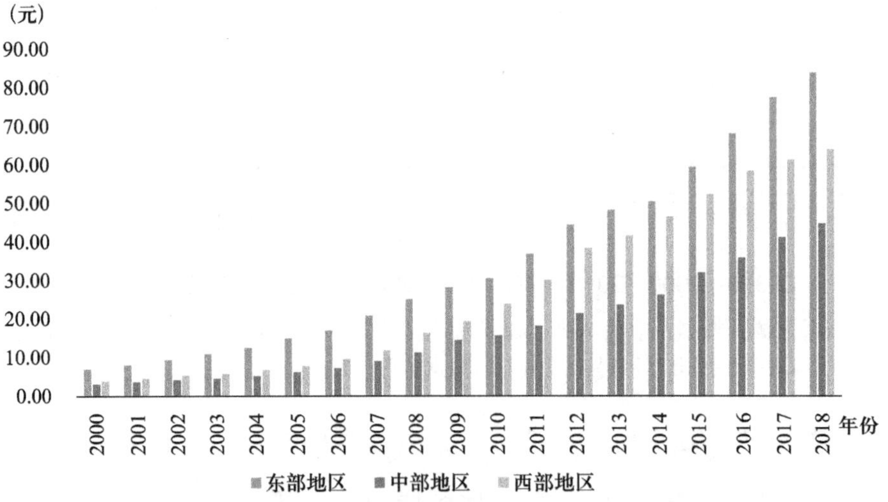

图 3-10　2000—2018 年东、中、西部人均文化事业费情况

资料来源：根据《中国文化文物统计年鉴（2001—2018）》《中国文化和旅游统计年鉴（2019）》《中国统计年鉴（2019）》数据整理计算。

就人均公共图书馆资源来看，东、中、西部也存在较大差距。2000 年，东部地区平均每万人公共图书馆藏量为 0.45 册，西部地区为 0.26 册，而中部地区仅为 0.22 册，占西部地区的 84.62%，仅占东部地区的 48.89%；2018 年，东部地区平均每万人公共图书馆藏量为 1.09 册，西部地区为 0.54 册，而中部地区仅为 0.48 册，占西部地区的 88.89%，仅占东部地区的 44.04%（见图 3-11）。具体到省份来说，2000 年，每万人公共图书馆藏量最低的安徽省仅为 0.13 册，最高的上海市达 3.29 册，是安徽省的 25.31 倍；2018 年，每万人公共图书馆藏量的差距有所缩小，最低的河南省为 0.33 册，最高的上海市达 3.26 册，是河南省的 9.88 倍。2000 年，公共图书馆人均购书费最低的陕西省仅为 0.033 元，最高的上海市达 6.697 元，是陕西省的 202.94 倍；2018 年，公共图书馆人均购书费最低的新疆维吾尔自治区为 0.529 元，最高的上海市达 6.943 元，是新疆维吾尔自

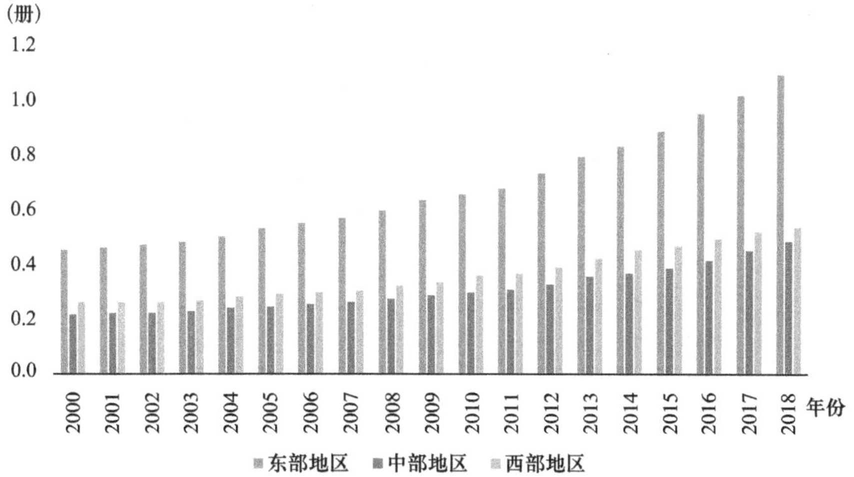

图 3-11　2000—2018 年东、中、西部每万人公共图书馆藏量情况

资料来源：根据《中国文化文物统计年鉴（2001—2018）》《中国文化和旅游统计年鉴（2019）》《中国统计年鉴（2019）》数据整理计算。

治区的 13.13 倍。2000 年，每万人公共图书馆建筑面积最低的安徽省为 15.9 平方米，最高的上海市为 132.6 平方米，是安徽省的 8.34 倍；2018 年，每万人公共图书馆建筑面积最低的河南省为 70.2 平方米，最高的天津市为 259.7 平方米，是河南省的 3.70 倍。

（二）城乡差异

近年来，我国城乡公共文化建设取得了积极进展，但在农村地区、中西部地区特别是贫困地区，文化基础设施条件差、历史欠账较多、发展程度较低等问题仍较为突出，与城市地区、东部地区的差距仍然较大。从全国文化事业费城乡投入情况来看，县及县以下投入经费与县以上投入经费的差距总体呈现逐步缩小的趋势（见图 3-12）。从 2000 年至 2019 年，县以上投入经费从 46.33 亿元增加到 516.91 亿元，增长了 10.16 倍，县及县以下投入经费从 16.87 亿

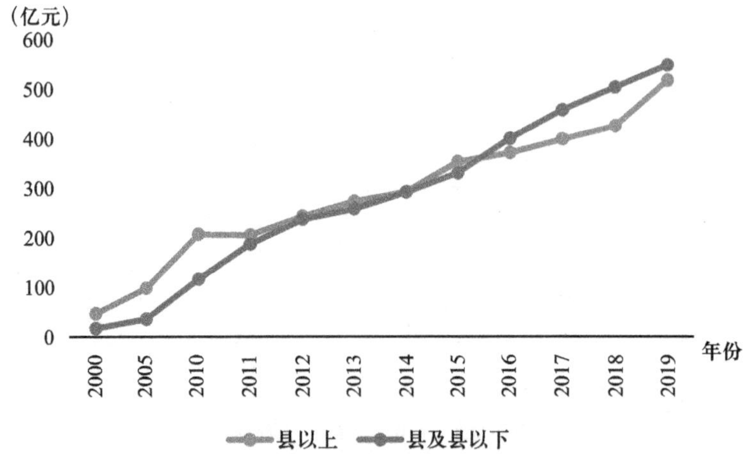

图 3-12　2000—2019 年全国文化事业费城乡投入情况

资料来源：2012—2017 年《文化发展统计公报》、2018—2019 年《文化和旅游发展统计公报》。

元增加至 548.11 亿元，增长了 31.49 倍；县以上投入经费比重由 73.31% 下降至 48.54%，县及县以下投入经费比重由 26.69% 增加至 51.46%。文化事业费向基层倾斜，一定程度上对提高农村地区的公共文化服务水平起到了促进作用，但我们也应看到，城乡差距依然存在。

三、公共文化财政支出中的央地关系

（一）中央与地方财政支出结构

在我国文化事业费中，中央财政投入一直占比较低，地方财政投入较多，且差距呈不断扩大的趋势。2000 年，文化事业费中央财政支出为 5.55 亿元，地方财政支出为 57.61 亿元，是中央的 10.38 倍；2018 年，文化事业费中央财政支出为 36.45 亿元，地方财政支出为 891.89 亿元，是中央的 24.47 倍。文化事业费地方财政支出不仅基数大，增速也远远高于中央财政支出，2000 年至 2018 年，文化事业费地方财政支出增长了 14.48 倍，中央财政支出仅增长了 5.57 倍，地方各级政府承担了绝大部分的支出责任。2013 年 1 月，原文化部印发《文化部“十二五”时期公共文化服务体系建设实施纲要》，提出要在中央、省、市三级设立农村文化建设专项资金，保证一定数量的中央转移支付资金用于乡镇和村文化建设。

2006 年至 2016 年，中央对地方文化项目补助资金整体呈上升趋势，从 2006 年的 2.49 亿元增加至 2016 年的 61.03 亿元，增长了 23.51 倍，2017 年、2018 年度又有所回落，分别降至 50.21 亿元和 50.51 亿元（见图 3–13）。2007 年、2008 年中央对地方文化项目补助资金增幅较大，分别比上年增长了258.64%、142.67%；之后增幅有所下降，2011年到达低点（-1.59%）；2012年、2013年恢复增长；2014年又出现负增长（-3.79%）；2015年略微恢复增长；2016年中央政府加大了投入力度，这一年成为2010年以来增幅最高的年份，增幅达到27.68%；2017年又出现负增长，且成为2010年以来降幅最大的年份，降幅达到17.73%；2018年又略微恢复增长。

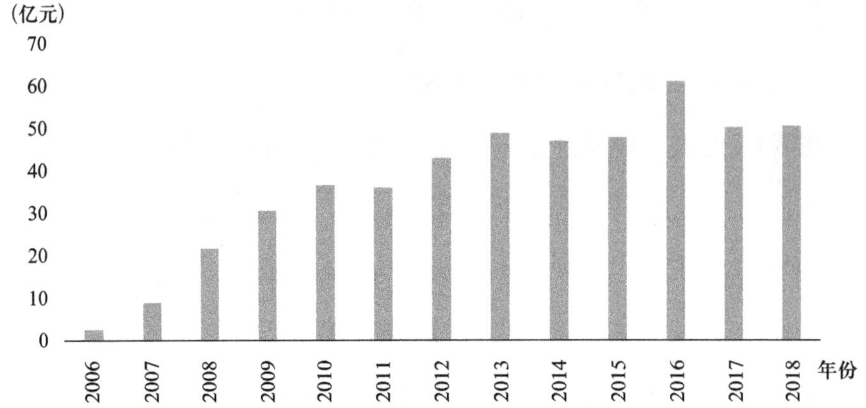

图3-13　2006—2018年中央对地方文化项目补助资金情况

资料来源：2012—2017年《文化发展统计公报》、2018—2019年《文化和旅游发展统计公报》。

（二）央地财政事权和支出责任划分

促进中央和地方不同层级政府的公共文化财政支出事权和支出责任相匹配，是充分调动中央和地方积极性的重要举措。在学术界，相关研究对政府间事权划分的标准和政府间的公共文化财政支出责任进行了探讨，如吴高和韦楠华（2018）提出要建立政府间公共文化分级财政投入机制，对于全国性的公共文化服务应由中央政府来承担支出责任，对于地方性的公共文化服务应由地方政府来承担支出责任，对于跨省的公共文化服务应由中央政府和地方政府共同承担支出责任。

在实践中，2020 年 6 月，国务院办公厅印发了《公共文化领域中央与地方财政事权和支出责任划分改革方案》（国办发〔2020〕14 号，以下简称改革方案）。改革方案从基本公共文化服务、文化艺术创作扶持、文化遗产保护传承、文化交流、能力建设五大方面，对公共文化领域的中央财政事权、中央和地方的共同财政事权以及地方财政事权进行了划分，进而明确了哪些公共文化事项由中央承担支出责任，哪些由地方承担支出责任，哪些则由中央和地方共同承担支出责任，如表 3–1 所示。

对于基本公共文化服务，认定为中央和地方政府具有共同财政事权和支出责任，并明确了央地财政分担比例。对于博物馆、公共图书馆、纪念馆、美术馆、文化馆等基层公共文化设施免费开放所需的经费，中央财政和地方财政的分担比例分为五档[①]，每档分别设置了不同的央地分担比例。与传统的东中西区域划分方式不同，将各省、自治区、直辖市、计划单列市划分为五档更为精确。对于经济发展水平较为落后、地方财力相对不足的内蒙古、广西等，地方仅分担 20% 的财政支出；对于经济发展水平较高、地方财力较为雄厚的北京、上海等，地方分担 80% 的财政支出。对于政府组织开展的文化活动、文化遗产保护、文化交流等事项，按照组织实施主体

① 第一档包括内蒙古、广西、重庆、四川、贵州、云南、西藏、陕西、甘肃、青海、宁夏、新疆等 12 个省（自治区、直辖市）；第二档包括河北、山西、吉林、黑龙江、安徽、江西、河南、湖北、湖南、海南等 10 个省；第三档包括辽宁、福建、山东等 3 个省（不含计划单列市）；第四档包括天津、江苏、浙江、广东等 4 个省（直辖市）及大连、宁波、厦门、青岛、深圳等 5 个计划单列市；第五档包括北京、上海等 2 个直辖市。

的情况，划分相应的财政事权和支出责任。对于中央组织实施的或是支持开展的，认定为中央和地方具有共同财政事权并按照职责分工分别承担支出责任；对于地方组织实施的或是支持开展的，认定为地方具有财政事权并由地方财政承担支出责任。对于公共文化机构建设和文化管理，按照隶属性质，划分相应的财政事权和支出责任。对于省以下公共文化领域的财政事权和支出责任划分，改革方案提出省级政府要合理划分省以下财政事权和支出责任，适当上移基本公共文化服务支出责任。

表 3-1　公共文化领域中央与地方财政事权和支出责任划分情况

序号	事项	中央财政事权和支出责任	地方财政事权和支出责任	中央和地方共同财政事权和支出责任
1	基本公共文化服务			基层公共文化设施免费或低收费开放，经费由中央与地方财政分档按比例分担：第一档中央财政分担80%；第二档中央财政分担60%；第三档中央财政分担50%；第四档中央财政分担30%；第五档中央财政分担10%
				其他基本公共文化服务事项，中央财政根据基本公共文化服务工作任务量、补助标准、绩效情况、财力状况等统筹确定对地方转移支付资金
2	文化艺术创作扶持	中央确定并由中央职能部门组织实施或支持开展的文化艺术创作扶持事项	地方确定并由地方组织实施或支持开展的文化艺术创作扶持事项	中央确定并由中央职能部门、地方共同组织实施或支持开展的文化艺术创作扶持事项，由中央与地方按照相关职责分工分别承担支出责任

续表

序号	事项	中央财政事权和支出责任	地方财政事权和支出责任	中央和地方共同财政事权和支出责任
3	文化遗产保护传承	中央职能部门组织实施的物质文化遗产保护事项	其他物质文化遗产保护事项	纳入国家物质文化遗产保护有关规划，并由地方组织实施的文物保护单位保护、国有文物收藏单位馆藏珍贵可移动文物保护、考古等，中央财政根据保护需求、工作任务量、绩效情况、财力状况等确定对地方转移支付资金
		中央职能部门组织实施的国家级非物质文化遗产代表性项目和传承人传习活动等	地方组织实施的省级及以下非物质文化遗产代表性项目和传承人传习活动、文化生态保护区保护等	地方组织实施的国家级非物质文化遗产代表性项目和传承人传习活动、文化生态保护区保护等，中央财政根据保护需求、工作任务量、绩效情况、财力状况等确定对地方转移支付资金
4	文化交流	中央职能部门组织实施的对外及对港澳台文化交流合作事项	地方组织实施的对外及对港澳台文化交流合作事项	中央职能部门、地方共同组织实施的对外及对港澳台文化交流合作事项，由中央与地方按照相关职责分工分别承担支出责任
		中央职能部门组织实施的海外中国文化中心建设事项		由中央职能部门指导地方组织实施的海外中国文化中心建设事项，由中央与地方按照相关职责分工分别承担支出责任
5	能力建设	对中央级公共文化机构改革和发展建设的补助	对地方级公共文化机构改革和发展建设的补助	
		中央职能部门及所属机构承担的公共文化管理事项	地方职能部门及所属机构承担的公共文化管理事项	

资料来源：根据国务院办公厅印发的《公共文化领域中央与地方财政事权和支出责任划分改革方案》（国办发〔2020〕14号）整理。

参考文献

[1] 吴高，韦楠华 . 公共文化财政投入现状、问题及对策研究［J］. 图书与情报，2018（2）：54–108.

[2] 刘淑萍，辛冲冲，周全林 . 中国公共文化服务支出区域差异的实证考察——基于泰尔指数测算及分解分析［J］. 财经论丛，2019（3）：31–41.

[3] 崔军，黄健雄 . 关于基本公共服务均等化建设中地方财政体制改革的思考［J］. 财政监督，2018（20）：23–28.

[4] 白景明，程北平，王泽彩，等 . 中国财政绩效报告——理论与实践（2018）［M］. 北京：中国财政经济出版社，2018.

[5] 马国贤 .2016 中国财政发展报告：中国政府绩效管理与绩效评价研究［M］. 北京：北京大学出版社，2016.

[6] 陈益刊 . 哪些钱归中央出、哪些归地方？公共文化央地权责划分明了［EB/OL］. 第一财经，2020-06-23.

第四章 公共文化财政支出绩效评价的工具库

本章基于公共文化财政支出绩效评价的主要原则，阐述数据包络分析法、成本效益分析法、标杆管理法、层次分析法等公共文化财政支出绩效评价的主要方法，并分析这些方法的优劣与适用性，最后探讨如何构建公共文化财政支出绩效评价的工具库。

一、公共文化财政支出绩效评价的主要原则

公共文化财政支出绩效评价的主要原则包括经济性、效率性、效益性、公平性、均等化和可及性。

经济合作与发展组织将绩效定义为"实施一项活动所得到的相对于目标的有效性，既包括从事该活动的效率性、经济性和效力，也包括活动实施主体对既定活动程序的服从程度和该活动的工作满意度"。20 世纪 80 年代，英国的效率小组提出在财政绩效方案中设立"3E"指标体系，"3E"具体是指经济性（Economy）、效率性（Efficiency）、效益性（Effectiveness）。"3E"构成了绩效评价的基本原则。经济性原则考察政府提供规定水平的数量和质量的公共产品或服务时是否尽可能压低成本、缩小投入。效率性原则考察政府在既定的成本投入下是否尽量扩大产出（Output），强调资源消耗量与产出数量的比重的最小化。效益性原则考察产出在多大程度上实

现了成果（Outcome），强调政府通过一系列行为和过程是否尽可能靠近、达到了既定的政策目标和预期成果。“3E”原则已成为财政支出绩效评价的主流原则。我国财政部2011年印发的《财政支出绩效评价管理暂行办法》中第二条便明确规定：“财政支出绩效评价是指……对财政支出的经济性、效率性和效益性进行客观、公正的评价。”

20世纪80年代后，公共行政学派对以往效率至上的范式进行了反思，公共价值治理范式兴起，在效率和效益的基础上强调社会公平。“3E”原则主要从经济角度强调投入与整体产出和结果的关系，忽略了公共产品和公共服务的公共性质，因此受到了部分学者与社会的质疑。1989年，加拿大学者丹尼斯·普瑞斯波尔提出了绩效审计的“5E”原则，在“3E”原则的基础上增加了公平性（Equity）和环保性（Environment）原则。1997年，英国公共管理学者诺曼·福林在“3E”原则的基础上也增加了公平性（Equity）原则，提出了绩效评价的“4E”原则。公平性原则考察投入、产出和成果在社会群体中的公平分配，强调公共服务向弱势群体进行一定倾斜，而不仅是简单的平均主义。环保性原则考察政府行为是否保护了生态环境，是否对自然资源进行了合理与有效的利用。考虑到文化产业和文化服务属于环境友好类型，因此不将环保性原则纳入公共文化财政支出绩效评价的主要原则中。

上述原则主要对政府行为如财政支出的绩效评估要求做出了一般性规定。我国《“十三五”推进基本公共服务均等化规划》规定了国家基本公共服务的八大组成部分，包括基本公共文化体育等，因此公共文化服务属于国家基本公共服务的重要组成部分，对该领域的财政支出进行绩效评价应遵循国家基本公共服务发展的目标和基本原则，即均等化原则和可及性原则。均等化（Equal）原则被《“十三五”推进基本公共服务均等化规划》界定为“全体公民都能公平可及地获得大致均等的基本公共服务，其核心是促进机会均等”，可见均等化原则强调机会上的均等，相比而言，公平性原则强调对弱势群体给予一定倾斜和照顾，从而达到产出和结果的均等。可及性（Accessibility）原则考察居民获得基本公共服务的便捷程度，关注该项服务的覆盖面积和个体的实际可使用量。

国家提供公共文化服务旨在满足人民的精神文化需求，提升全民文化素质。基于此，公共文化财政支出绩效评价的基本原则应包括以下几个：①经济性原则，要求优化公共文化财政资金的使用效率，减少财政支出损耗；②效率性原则，要求在给定的财政支出预算下尽可能提供更多的公共文化服务产出；③效益性原则，要求公共文化财政支出不仅供给文化服务和文化产品，而且要真正实现满足人民的精神文化需求、切实提升全民文化素质与文化水平的目标；④公平性原则，要求公共文化财政支出更多向缺乏条件享受私人文化服务和产品的弱势群体倾斜，向农村地区倾斜，向少数民族倾斜，向贫困群众倾斜，向老幼病残弱倾斜；⑤均等化原则，要求不论男女老少，只要是中华人民共和国公民，都有均等的机会享受到所有的公共文化服务，平等地受惠于公共文化财政支出的产出和成果；⑥可及性原则，要求尽可能减少偏远地区和欠发达地区居民获得公共文化服务的阻碍，在时间、空间和程序上增加其获得公共文化服务的便捷程度。

二、公共文化财政支出绩效评价的主要方法

基于绩效评价的主要方法和公共文化财政支出的性质，在公共文化财政支出绩效评价中主要采用数据包络分析法、成本效益分析法、标杆管理法和层次分析法。本章将对上述四种主要方法的基本原理进行阐述。

（一）数据包络分析法

数据包络分析法（Data Envelopment Analysis，DEA）是目前学术界主流的公共文化财政支出绩效评价方法。谭秀阁和王峰虎（2011）运用超效率 DEA 模型对 2000—2008 年中国 31 个省、区、市的公共文化投入效率进行了分析，该研究是国内最早将 DEA 方法运用于公共文化支出绩效评价的研究，但其指标的选取较为随意。涂斌和王宋涛（2012）运用 DEA-Tobit 两阶段方法评价了 2000—2009 年广东省 21 个地级市政府公共文化财政支出的情况，运用 DEA 方法分析其综合效率、纯技术效率与规模技术效率，运用受限因变量 Tobit 模型分析效率评价结果的影响因素，该研究是国内最早将 DEA-Tobit 两阶段方法运用于公共文化财政支出绩效评价的研究。杨林和许敬轩（2013）基于人均公共文化财政支出的投入与产出指标，运用 DEA-Tobit 两阶段方法检验了 2000—2010 年中国 31 个省、区、市的公共文化服务支出效率，并从年份波动和地区差异的角度进行了分析。不同的学者还运用 DEA 方法分别对我国农村公共文化服务财政政策绩效、单个省份公共文化财政支

出绩效、单项公共文化服务财政支出绩效等进行了深入的研究（姚林香和欧阳建勇，2018；涂斌和王宋涛，2012；傅才武和张伟锋，2017）。

DEA 方法是针对面板数据的一种非参数估计方法，最早由运筹学家查恩斯（Charnes）、库伯（Cooper）等于 1978 年提出。该方法基于有限效率的核心思想，对具有多种投入和产出指标的相同类型的决策单元（Decision Making Units，DMU）进行测评，是运筹学、经济学和管理科学领域的方法，目前已被广泛运用于决策部门的绩效评价中。

查恩斯和库伯对最早的 DEA 方法（CCR 模型）进行了持续的完善和拓展，提出了加法模型、Log- 型的 DEA 方法、锥结构的 DEA 方法、具有无数个 DMU 的 DEA 方法、机会约束的 DEA 方法、逆 DEA 方法等。目前学术界主流的用于公共文化财政支出绩效评价的 DEA 方法是班克尔（Banker）、吉福德（Gifford）等 1988 年基于 CCR 模型提出的超效率 DEA 模型，以及超效率 DEA 模型 - 受限因变量 Tobit 模型。魏义方（2020）运用投入共享型两阶段 DEA 模型对公共文化财政支出绩效评价进行了研究。杨李路（2020）运用弗莱德于 2002 年提出的三阶段 DEA 方法对公共文化财政支出进行了绩效评价。下面将对 CCR 模型、超效率 DEA 模型、DEA-Tobit 模型、投入共享型两阶段 DEA 模型进行介绍。

1. 首个 DEA 方法：CCR 模型

假设有 n 个决策单元，共有 l 种投入和 m 种产出。对于第 f 个决策单元而言，它的投入的列向量可表示为 $x_{if}=(x_{1f}, x_{2f}, \cdots,$

x_{lf})，产出的列向量可表示为 y_{if}=（y_{1f}，y_{2f}，…，y_{mf}）。

其 CCR 模型为：

$$\min\mu \quad s.t.\begin{cases} \sum_{f=1}^{n} x_f\lambda_f+s^-=\mu x_t \\ \sum_{f=1}^{n} y_f\lambda_f-s^+=y_t \\ s^-\geqslant 0,\ s^+\geqslant 0,\ \lambda_f\geqslant 0,\ f=1,2,\cdots,n \end{cases}$$

s^-和 s^+为松弛变量，μ 和 λ 为决策变量，μ 表示需要检验的决策单元 f 的综合效率得分，具体得分的含义分别如下：

第一，$\mu=1$，同时 $s^-=s^+=0$，此时决策单元 f 为 DEA 有效，表示其行为满足技术有效和规模有效。

第二，$\mu=1$，但决策单元 f 的输出和输入中至少有一个大于 0，则决策单元 f 为弱 DEA 有效，表示其行为只能满足技术有效或规模有效中的一个，不能同时达到两者最佳。

第三，$\mu<1$，决策单元 f 为非 DEA 有效，表示其行为不满足技术有效和规模有效中的任何一个。

2. 超效率 DEA 模型

CCR 模型的优点在于能准确计算出非有效决策单元的综合效率得分，但有效决策单元的综合效率得分 μ 始终等于 1。因此，学者们对 CCR 模型进行了各类改进和扩展，提出了很多有价值的模型，班克尔、吉福德等提出的超效率 DEA 模型就是较有代表性的一种。

超效率 DEA 模型的核心思想是把评价对象决策单元 f 排除在生产可能集外，这也是其与 CCR 模型的区别所在。模型如下：

$$
\min\mu \quad s.t. \begin{cases} \sum_{\substack{f=1 \\ f\neq 1}}^{n} x_f\lambda_f + s^- = \mu x_t \\ \sum_{\substack{f=1 \\ f\neq 1}}^{n} y_f\lambda_f - s^+ = y_t \\ s^- \geqslant 0,\ s^+ \geqslant 0,\ \lambda_f \geqslant 0,\ j=1,\ 2,\ \cdots,\ n \end{cases}
$$

在该模型中，DEA 无效的决策单元的综合效率得分 $\mu<1$，与 CCR 模型一致，但 DEA 有效的决策单元的综合效率得分 $\mu>1$，研究者能对 DEA 有效的决策单元进行进一步的比较分析。

3. DEA−Tobit 模型

运用 DEA-Tobit 模型分析时分为两个阶段，第一阶段通过超效率 DEA 模型分析决策单元的综合效率，第二阶段则使用受限因变量模型即 Tobit 模型分析变量对第一阶段决策单元综合效率得分的影响。

由于第一阶段通过超效率 DEA 模型得出的各决策单元的综合效率得分存在 $\mu \geqslant 0$，非正态分布，不满足最小二乘法的基本假定，因此若使用最小二乘法进行影响因素分析会得出有偏且不一致的估计结果。鉴于此，学术界通常采用 Tobit 模型进行回归。模型如下：

$$
x_f = \begin{cases} Ax_f+\varepsilon_f,\ Ax_f+\varepsilon_f>0 \\ 0,\ Ax_f+\varepsilon_f \leqslant 0 \end{cases}
$$

在该模型中，A 为参数向量；x_f 为解释变量向量；$\varepsilon_f \sim N(0,\ \sigma^2)$。

4. 投入共享型两阶段 DEA 模型

投入共享型两阶段 DEA 模型的核心思想是投入在两个子过程中分配，区别于 CCR 模型仅有一个投入过程，初始投入在该过程中一次性全部消耗。假设有 n 个决策单元，共有 l 种投入和 m 种产出，以及 k 个中间产出。对于第 f 个决策单元而言，它的投入的列向量

可表示为 $x_{if}=(x_{1f}, x_{2f}, \cdots, x_{lf})$，最终产出的列向量可表示为 $y_{df}=(y_{1f}, y_{2f}, \cdots, y_{mf})$，中间产出的列向量可表示为 $z_{ef}=(z_{1f}, z_{2f}, \cdots, z_{kf})$。不同的决策单元中，初始投入 x_{ij} 以不同的分配比例在第一阶段和第二阶段中分配，且不同阶段的投入在转化过程中具有不同的权重。假设第 f 个决策单元在阶段一的投入比例为 a_i，在阶段二的投入比例为 $1-a_i$，初始投入 x_{ij} 在阶段一和阶段二的权重分别为 v_i^1、v_i^2，中间产品 z_{kj} 在阶段一产出和阶段二投入的权重分别为 w_k^1、w_k^2，最终产出 y_{dj} 的权重为 u_d。

令 $t=\dfrac{1}{\sum_{i=1}^{l} v_i^1 a_i x_{if}+\sum_{i=1}^{l} v_i^2(1-a_i)x_{if}+\sum_{e=1}^{k} w_e^2 z_{ef}}$

$W_e=tw_e$，$v_i^1=tv_i^1$，$v_i^2=tv_i^2$，$U_d=tu_d$

$\pi_i^1=v_i^1 a_i$，$\pi_i^2=v_i^2 a_i$

随后，以实现决策单元 f 的总体产出效率最大化为目的构建投入共享型两阶段 DEA 模型，经过 Charnes–Cooper 转化，得出以下分式数学规划：

$$E_f=\max\sum_{d=1}^{m} U_d y_{df}$$

$$s.t.\begin{cases}\sum\limits_{i=1}^{m}\pi_i^1 x_{if}+\sum\limits_{i=1}^{m} v_i^2 x_{if}-\sum\limits_{i=1}^{m}\pi_i^2 x_{if}+\sum\limits_{e=1}^{k} W_e^2 z_{ef}=1\\ \sum\limits_{i=1}^{m}\pi_i^1 x_{ij}-\sum\limits_{e=1}^{k} W_e^1 z_{ej}\geqslant 0\\ \sum\limits_{i=1}^{m} v_i^2 x_{ij}-\sum\limits_{i=1}^{m}\pi_i^2 x_{ij}+\sum\limits_{e=1}^{k} W_e^2 z_{ej}-\sum\limits_{d=1}^{m} U_d y_{dj}\geqslant 0\\ v_i^2\geqslant\pi_i^2\geqslant\varepsilon;\ W_e^1,\ W_e^2,\ U_d\geqslant\varepsilon\\ i=1, 2, \cdots, l;\ j=1, 2, \cdots, n;\ e=1, 2, \cdots, k\end{cases}$$

（二）成本效益分析法

成本效益分析法（Cost-Benefit Analysis，CBA）是对投入与产出、效益进行关联性分析的方法。成本效益分析法的基础理论来源于19世纪的福利经济学。1844年，杜普特（Dupuit）首次正式提出了公共项目成本效益分析的衡量标准。20世纪80年代，新公共管理运动兴起，西方政府管理的核心价值由效率为主向效率和效益兼顾转变。20世纪80年代，时任美国总统的里根要求联邦政府部门在政策制定和政策执行前进行成本效益分析，成本效益分析法因而在美国联邦政府与各州政府中广泛流行。20世纪70年代末，中国便引进了国外有关成本效益分析的方法，运用于工程投资项目评估领域，随后逐渐拓展至其他公共与私人领域的项目评估研究中。各类成本效益分析法的核心思想都是构造比值或差额公式对项目的成本与效益的数额进行比较，效益大于成本，该项目才有意义，效益相比成本越多，则该项目越有价值，评估结果越好。数据包络分析法（DEA）对投入和产出的关系进行数理分析，实际上也属于成本效益分析法。盛昭瀚等（1996）、简志峰（2003）分别探索建立了成本效益DEA模型，对企业的成本效益进行评价。

曾康华（2000）提出了财政项目的成本效益分析公式，如下所示：

$$B_j=\sum_{t=1}^{n}\frac{b_j(t)-c_j(t)}{(1+r)^t}S_j$$

其中，j 指第 j 个项目，t 指第 t 年，B_j 指该项目的纯效益折现总值，$b_j(t)$ 指项目 j 在第 t 年的效益，$c_j(t)$ 指项目 j 在第 t 年的成本，r 指折现率，S_j 指初始成本。

曾康华（2000）同时提出了内部收益率成本效益分析法和收益成本比率成本效益分析法。前者是通过比较项目内部收益率与假设投入其他项目的收益率来分析项目是否可行；后者则是计算收益成本比率$\frac{B}{C}=\frac{B_0+\frac{B_1}{1+j}+\frac{B_2}{(1+j)^2}+\cdots+\frac{B_n}{(1+j)^n}}{C_0+\frac{C_1}{1+j}+\frac{C_2}{(1+j)^2}+\cdots+\frac{C_n}{(1+j)^n}}$（$B$为总收益，$C$为总成本，$B_n$表示第$n$年当年的收益，$C_n$表示第$n$年当年的成本），并将$\frac{B}{C}$与1做比较，当$\frac{B}{C}>1$时，项目具有可行性，其值越大可行性越高。

宁国良和刘辉（2010）将成本效益分析法引入公共政策执行力的研究中，提出了公共政策执行效益成本比率E的公式：$E=\frac{R}{C}$（R指的是政策执行收益，C指的是政策执行成本）。当$E>1$时，政策存在执行力；当$E=1$时，政策执行处于有执行力的临界点；当$E<1$时，政策不存在执行力。

目前，运用成本效益分析法对公共文化服务绩效进行评估的研究较少，且基本集中于公共图书馆的价值分析。例如，刘璇（2010）分析了消费者剩余理论、意愿支付方法和时间成本方法三种成本效益分析法在国外图书馆经济价值分析中的应用；郑煜（2017）基于成本效益分析的思想构建了公共图书馆财政支出绩效评估指标体系。然而，以上研究均未开展实证分析。

（三）标杆管理法

标杆管理法（Benchmarking）是企业绩效评估的经典工具，最初由美国施乐公司于20世纪70年代末创立。标杆管理的核心思想在于衡量本组织与该领域内表现最优异的标杆组织之间的绩效差距，然后分析对比本组织与标杆组织在组织架构、管理与生产流程、绩效评估指标等方面的差异，在对内对外充分研讨沟通的基础上提炼本组织的关键绩效指标，制定实施提升绩效的方案，最后通过追赶甚至超越标杆组织的途径达到改善自身绩效的目标。

传统标杆管理法的基本步骤一般包括四个或五个。薛菁（2007）认为标杆管理法的基本步骤主要有四个：第一步，提炼本组织的关键绩效指标；第二步，确定绩效管理的标杆组织和标杆指标；第三步，对本组织的关键绩效指标进行改进提升；第四步，实施新的绩效管理指标体系，超越原有的绩效水平。标杆管理大师史本多里尼（M.J.Spendolini）归纳了标杆管理法的五大基本步骤，即组织标杆管理团队、确定标杆、采取改革行动、收集信息并分析信息、内部分析。于文益、黄海滨和肖田野（2013）对史本多里尼的模型进行了顺序上的调整和明确，提出标杆管理法的五个步骤：第一步，成立标杆分析团队，根据组织战略确定绩效提升的核心目标，即标杆分析的主题；第二步，选择标杆，根据绩效提升核心目标，确认关键管理流程，通过问卷调查等方法收集相关资料；第三步，分析资料，通过对比分析找到本组织与标杆组织间的差异及其原因，提出最佳实践；第四步，设计实现最佳实践的方案和具体弥补绩效差距的路径，评估方案的可行性；第五步，推行方案，持续检测方案实践情况与最佳实践的偏离情况，有问题及时矫正。罗良清和刘逸萱（2006）总结了标杆管理法的不同类型：根据学习目标可分为内部标杆管理法、竞争对手标杆管理法和功能标杆管理法三类，其学习目标分别是组织内部优秀部门、组织竞争对手和外部组织；根据内容可分为产品标杆管理法、战略标杆管理法和最佳实践标杆管理法三类；根据收集信息的渠道可分为单向标杆管理法和双向标杆管理法两类。

在新公共管理运动中，标杆管理法也被引入政府绩效评估领域，并根据政府绩效特征进行了流程和方法调整（罗良清和刘逸萱，2006），如图 4–1 所示。

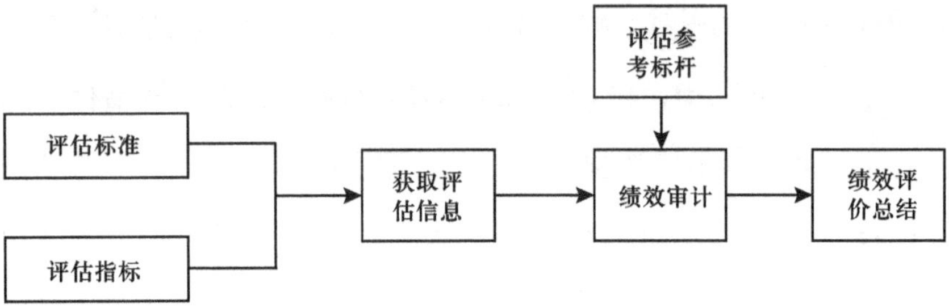

图 4–1　政府绩效评估的标杆管理

政府绩效评估的标杆管理主要体现在绩效审计环节。在政策绩效评估中，政府部门根据政策制定目标确认评估标准和评估指标，通过政策实施情况获取评估信息，有关审计部门参考本级政府其他部门或其他地区相同部门的标杆绩效，对本部门的政策绩效进行审计，最后总结政策实施绩效。

在研究与实践中，学者们和管理者们也在不断探索标杆管理法与其他绩效评估方法的结合。例如，周卓儒等（2003）、罗良清和刘逸萱（2006）探讨了标杆管理法和数据包络分析法（DEA）的结合；杨长峰和贲德亮（2011）则提出了基于层次分析法的标杆管理法。

标杆管理法在公共文化服务绩效评估中的应用较为有限，主要集中于图书馆管理和教育事业管理领域。例如，欧明臣和凌文辁（2003）分析了标杆管理法在图书馆绩效评估中的应用和详细步骤；罗军（2009）介绍了标杆管理法与其他市场化工具在当代图书馆管理中的适用性和基本流程；刘路（2014）介绍了标杆管理法在高校在线学习实施情况评估中的应用。

（四）层次分析法

美国运筹学家萨蒂（T.L.Saaty）于20世纪70年代提出了层次分析法（Analytical Hierarchy Process，AHP）。层次分析法的核心思想在于将一个复杂的决策问题视为系统，综合运用定量和定性方法，第一步将该决策问题依据总体目标、各层子目标、评价指标的属性从上至下分解为多层次、多元素的阶梯型结构，第二步通过两两对比将判断转化为可量化的判断矩阵，第三步根据求解判断矩阵特征向量的方法求出每一层次的每一个元素相比上级层次的每一个元素的权重，第四步运用加权和的方法得出各评价指标对总体目标的权重。层次分析法普遍被用于解决人文社科技术领域中的赋权问题、规划问题和排序问题，适用于公共文化服务绩效评价指标的构建。学者们运用层次分析法分别研究建立了多个地区、单个省份或单个地级市的基本公共文化服务绩效评估指标（赖作莲，2019；彭程、胡玉华、骆杨柳等，2016；普映娟，2013）。有学者通过层次分析法研究建立了公共文化建筑PPP项目的绩效评估指标（史富文，2020）。不少学者通过层次分析法构建了全国或地区的高等教育财政支出绩效评价指标（章建石和孙志军，2006；韩志弘，2013）。但层次分析法也存在缺点。例如，张吉军（2000）认为对判断矩阵的一致性进行检验具有较大的难度；普映娟（2013）认为层次分析法在应用到公共文化服务绩效评估中时，由于基层行政单位数目众多，导致评价对象总数庞大，对不同评价对象两两对比的工作量庞大，同时绩效指标体系中的三级指标数量庞大，对所有指标进行标度可能会导致数据不一致。

层次分析法忽视了人的有限理性造成的判断模糊性，因此学者们对层次分析法加以改进，将模糊数学方法引入层次分析法的量化判断矩阵中，通过建立模糊一致矩阵来求解评价指标的权重，该方法被称为模糊层次分析法（Fuzzy Analytical Hierarchy Process，FAHP）。相对于层次分析法而言，模糊层次分析法在财政支出以及公共服务绩效评估中的应用较少，已有研究从电子政务绩效评估指标体系与量化评估模型构建（费军和余丽华，2009）、基本公共卫生服务均等化评估方法设计（何莎莎、陈羲和冯占春，2012）、政府卫生支出绩效评价体系构建（许光建和魏义方，2012）、公共体育服务综合评价指标构建（刘志斌和王彦红，2013）以及应急财政支出绩效评价指标构建（崔军和杨琪，2013）等角度拓展了模糊层次分析法的应用，但尚未有学者将该方法运用于公共文化财政支出绩效评价指标体系的构建。下面简要介绍模糊层次分析法的原理和步骤。

第一步，构建模糊判断矩阵。以三层评价指标体系为例，研究者将问题根据总目标—子目标—评价指标的顺序分为 A 层、B 层和 C 层，设置初步评价指标体系，制作专家咨询表，每位专家对各层次的元素进行两两对比，基于萨蒂的 1—9 标度判断各层次各元素的相对重要性，得出自己的判断矩阵。基于德尔菲法，开展多轮专家意见收集、反馈与修改，直到所有专家均不再修改自己对判断矩阵的意见，从而得出最终的判断矩阵。

以中间层 B 层为例，针对 B 层某一指标 b_k 以及 C 层与之相关的指标 C_1，C_2，…，C_n，构建判断矩阵，如下所示：

$$
\begin{matrix}
b_k & C_1 & C_2 & \cdots & C_n \\
C_1 & C_{11} & C_{12} & \cdots & C_{1n} \\
C_2 & C_{21} & C_{22} & \cdots & C_{2n} \\
\vdots & \vdots & \vdots & & \vdots \\
C_n & C_{n1} & C_{n2} & \cdots & C_{nn}
\end{matrix}
$$

c_{ij} 表示专家标度的指标 C_i 相对于指标 C_j 的重要性。

第二步，基于三角模糊数，将判断矩阵转为模糊判断矩阵。三角模糊数通常用于反映人们的模糊感觉和判断。三角模糊数 $\tilde{T}=(u, v, w)$ 中，u、v、w 分别表示$\tilde{T}$的上界、中值和下界。α 截集的三角模糊数$\tilde{T}$的定义是：$\tilde{T}^{\alpha}=[(v-u)\alpha+u, w-(w-v)\alpha]$，$0 \leqslant \alpha \leqslant 1$，$\tilde{T}_1 \oplus \tilde{T}_2=(u_1+u_2, v_1+v_2, w_1+w_2)$。两个模糊数的间距的定义是：$d(\tilde{T}_1, \tilde{T}_2)=\sqrt{\frac{1}{3}[(u_1-u_2)^2+(v_1-v_2)^2+(w_1-w_2)^2]}$。

三角模糊数的判断矩阵标度以及各标度的含义如表 4-1 所示。

表 4-1　三角模糊数的判断矩阵标度及其含义

层次分析判断矩阵标度	三角模糊数判断矩阵标度	含义
1	（1，1，1）	相对于 b_k 目标，C_i 和 C_j 比较，两者同等重要
3	（2，3，4）	相对于 b_k 目标，C_i 和 C_j 比较，C_i 比 C_j 重要稍许
5	（4，5，6）	相对于 b_k 目标，C_i 和 C_j 比较，C_i 比 C_j 明显重要
7	（6，7，8）	相对于 b_k 目标，C_i 和 C_j 比较，C_i 比 C_j 重要得多
9	（9，9，9）	相对于 b_k 目标，C_i 和 C_j 比较，C_i 比 C_j 极度重要

续表

层次分析判断矩阵标度	三角模糊数判断矩阵标度	含义
2，4，6，8	（1，2，3） （3，4，5） （5，6，7） （7，8，9）	介于上述标准之间
1/n	（1/（n+1），1/n，1/（n−1））	C_j 和 C_i 相比的重要程度，是 C_i 对 C_j 重要程度的倒数

专家 k 对初始指标体系中不同层次的不同指标两两比较得到的分数可转换为模糊判断矩阵 $\tilde{T}^k=[\tilde{t}_{ij}]^k$，$\tilde{t}_{ij}$ 表示元素 i 和元素 j 两两比较的重要程度。

第三步，层次单排序，即分别对 B 层指标和 C 层指标进行层次内的排序，计算得出每个专家对 B 层指标和 C 层指标的模糊权重矩阵。基于 α 截集的三角模糊数的定义，当 $\alpha=1$ 时，专家 k 对 C 层的模糊判断矩阵为 $T_v^k=[t_{ij}]_v^k$；当 $\alpha=0$ 时，专家 k 对 C 层的模糊判断矩阵的上界和下界分别为 $T_u^k=[t_{ij}]_u^k$ 和 $T_w^k=[t_{ij}]_w^k$。通过模糊判断矩阵，计算本层中所有与上一层中某一元素相关的元素的相对重要性排序权重得分，得出判断矩阵 T_v^k、T_u^k、T_w^k 的对应权值向量 $X_v^k=[X_{iv}]^k$、$X_u^k=[X_{iu}]^k$、$X_w^k=[X_{iw}]^k$。计算最小可能性 $P_u^k=\min\left\{\frac{x_{iv}^k}{x_{iu}^k}|1\leqslant i\leqslant n\right\}$ 和最大可能性 $P_w^k=\max\left\{\frac{x_{iv}^k}{x_{iw}^k}|1\leqslant i\leqslant n\right\}$，然后计算得出上界和下界的权值向量分别为 $X_u^{*k}=P_u^kT_u^k$、$X_w^{*k}=P_w^kT_w^k$，从而得到专家 k 对该层指标的模糊权重矩阵 $Q^k=(X_u^{*k},X_v^k,X_w^{*k})$。

第四步，由于决策者难以全程保持完全一致的判断标准，因此有必要对层次单排序后的 B 层和 C 层的判断矩阵指标权重进行一致性检验。检验模糊矩阵的一致性实质上等同于检验一般判断矩阵的一致性，即检验 $T_v^k=[t_{ij}]_v^k$ 的一致性。分为三个步骤，简略介绍如下：①计算得出一般判断矩阵 T_v^k 的最大特征根 λ_{max}；②计算得出一致性指标 $CI=\frac{\lambda_{max}-n}{n-1}$；③计算得出一致性比率 $CR=\frac{CI}{RI}$，RI 为平均随机一致性指标，对于 n=1~9，其固定取值分别为 0、0、0.58、0.9、1.12、1.24、1.32、1.41、1.45、1.49（崔军和杨琪，2013）。当一致性比率小于 0.1 时，判断矩阵通过一致性检验，否则重新修改判断矩阵，直至通过检验。

第五步，计算去模糊化的指标的权重矩阵。以 B 层为例，综合模糊权重矩阵 Q^* 去模糊化后各指标的权重为 $y_i=T_{G_i}/\sum_{i=1}^{n}T_{G_i}$，$T_{G_i}$ 被定义为 $T_{G_i}=\frac{d(G_i,0)}{d(G_i,0)+d(G_i,1)}$，进而得到 B 层各指标的权重矩阵 $Y=(y_i|i=1,2,\cdots,n)$。

第六步，层次总排序，将去模糊化后得到的 C 层指标权重乘以相对应的 B 层指标权重，得到 C 层各指标对于 A 层即总目标的权重矩阵，并对层次总排序的权重矩阵进行一致性检验，最后通过检验的结果就是所求的指标体系。

三、各方法的优劣比较及适用性探讨

前文对数据包络分析法、成本效益分析法、标杆管理法、层次分析法进行了介绍。四种方法适用于从不同角度对公共文化财政支出进行绩效评价，也各有优劣，下面分别对四种方法的优劣及其在公共文化财政支出绩效评价中的适用性进行探讨。

首先，数据包络分析法的优点主要有以下几点：第一，相较于层次分析法，DEA 方法能够基于投入和产出数据本身确定公共文化财政支出绩效指标的权重，而层次分析法必须依赖专家对公共文化财政支出绩效指标权重的经验判断，因此 DEA 方法对权重分值的选择更具客观性。第二，相较于成本效益分析法仅是对成本和效益进行简单比较，DEA 方法通过对投入指标和产出指标的综合分析，能判断出决策单元是否规模有效、是否技术有效。成本效益分析法得出的成本收益比率是一个具体的数值，因此可以对不同决策单元的绩效评估结果进行横向比较；经典的 CCR 模型中有效决策单元的综合效率得分 μ 始终等于 1，无法对有效决策单元的效率进行横向比较，但经过改进的超效率 DEA 模型中有效决策单元的综合效率得分 $\mu>1$，研究者能对 DEA 有效的决策单元进行进一步的比较分析。但数据包络分析法也存在缺点：DEA 方法对指标的选择依赖于研究者的主观判断，因此在指标选取的权威性方面逊于层次分析法，研究者选取指标的准确性很大程度上影响了 DEA 模型结果对真实绩效的反映程度。综上可见，数据包络分析法是一种定量方法，适用于对多个可比的公共文化财政支出单元的绩效进行相对有效性评价。数据包络分析法可以嵌入标杆管理法的步骤中，分析相对于标杆单元而言决策单元是否有效。数据包络分析法包含一系列丰富的模型，DEA-Tobit 模型适用于分析外部变量对决策单元效率得分的影响，而投入共享型两阶段 DEA 模型适用于分析投入具有两阶段特点的绩效实现过程，两阶段的特点也更符合公共服务体系的实际情况。

其次，成本效益分析法的优点包括以下几点：第一，相对于数据包络分析法而言，成本效益分析法的计算过程简便；第二，成本效益分析法的原理清晰易懂，该方法已普及至经济、管理等各个领域。成本效益分析法的缺点在于仅对总成本指标和总收益指标进行简单对比，总成本、总收益分别是分项成本、分项收益的简单加总，没有反映分项成本或分项收益的权重，但公共文化财政支出绩效评价目前越来越向精细化、专业化发展。因此，成本效益分析法是一种简单的定量分析工具，仅适用于对公共文化财政支出的投入和收益进行简单的对比分析，粗略、总体判断项目是否具有效益，但不适合进行更加深入的绩效评价。

再次，标杆管理法的优点是：第一，指标的确定较为灵活，无须固定，可根据标杆分析主题的变化而变化；第二，标杆管理法是绩效评价与比较分析相结合的方法，运用该方法有助于找到本组织与标杆组织的绩效差距及缩小差距的路径，从而激励组织优化自身绩效。标杆管理法的缺点是：第一，指标和标杆是由标杆小组确定的，对小组成员的专业素质要求较高，否则可能导致标杆选择的偏误、指标选择的随意和指标体系的冗杂；第二，标杆管理法本质上是企业绩效管理方法，在使用中更重视技术层面的管理主义，可能会忽视公共文化财政支出的公共性（安秀梅和邵世才，2007）。标杆管理法是一种定量与定性相结合的方法，通过该方法可以对公共文化财政支出绩效进行差异性分析，如进行国际比较和地区比较等。标杆管理法适用于在有明确的标杆组织、国际标准或目标愿景的情况下对绩效进行评价和比较分析，从而为公共文化财政支出的优化提供方向。

最后，层次分析法的优点是与专家咨询法相结合，在绩效指标选择和权重赋值上具有科学性和权威性；模糊层次分析法将人类决策过程的模糊性考虑在内，较好地保障了指标权重体系的一致性。层次分析法的缺点是判断矩阵一致性检验的难度较大、工作量较多；在应用到公共文化财政支出绩效评价领域中时，面临着评价对象总数庞大、对不同评价对象两两对比的工作量庞大以及绩效指标体系中三级指标数量庞大导致的数据不一致风险（张吉军，2000；普映娟，2013）。层次分析法是一种定量分析方法，运用该方法可以构建完整的、立体的公共文化财政支出绩效评价指标体系，并对指标进行科学、权威的赋权。

四、公共文化财政支出绩效评价工具库的构建

通过一种甚至多种绩效评价工具对公共文化财政支出进行绩效评价，有助于全面分析公共文化财政投入的经济性、效率性和有效性。是否基于国情构建一个公共文化财政支出绩效评价工具库，并加以合理运用，是影响评价结果的关键。绩效评价工具库是各种评价方法的集合，根据各方法的优劣，探索有机组合相关方法形成工具库，可以为绩效评价的科学性和准确性提供保障。

在对公共文化财政支出进行绩效评价时，根据评价对象的具体情况，可采用一种或多种方法。在构建公共文化财政支出绩效评价指标体系时，可以运用层次分析法或模糊层次分析法，结合专家咨询法确定指标和权重。当评价客体组织已有成形的、科学的公共文化财政支出绩效评价指标体系时，可以基于该指标体系，运用数据包络分析法进行科学评估。成本效益分析法的运用建立在计量单位一致的基础之

上，在公共文化财政支出项目的成本项和收益项单位统一的情形下，可以考虑采用成本效益分析法。当进一步分析公共文化财政支出绩效评价结果的影响因素时，可以运用 DEA-Tobit 模型分析外部变量对绩效的影响，也可以运用标杆管理法对本组织与标杆组织的绩效差距进行原因分析，从而为公共文化财政支出的优化提供方向。

参考文献

[1] 徐建中，夏杰，吕希琛，等．基于“4E”原则的我国政府预算绩效评价框架构建［J］. 社会科学辑刊，2013（3）：132-137.

[2] 赵学群．绩效评价和绩效预算研究述评［J］. 财政研究，2010（9）：76-79.

[3] 刘敏，王萌 .3E 还是 4E：财政支出绩效评价原则探讨［J］. 财政监督，2016（1）：59-61.

[4] 姚林香，欧阳建勇．我国农村公共文化服务财政政策绩效的实证分析——基于 DEA-Tobit 理论模型［J］. 财政研究，2018（4）：86-97.

[5] 傅才武，张伟锋．我国省域公共图书馆效率、规模收益及“拥挤”现象研究［J］. 中国软科学，2017（10）：72-81.

[6] 杨林，许敬轩．地方财政公共文化服务支出效率评价与影响因素［J］. 中央财经大学学报，2013（4）：7-13.

[7] 涂斌，王宋涛．地方政府公共文化支出效率及影响因素——基于广东 21 个地级市的实证分析［J］. 经济问题，2012（3）：18-21.

[8] 谭秀阁，王峰虎．基于 DEA 的我国公共文化投入效率研究［J］．科技管理研究，2011，31（13）：198–201.

[9] 李欣，祝林．基于 DEA–Tobit 模型的成都平原城市群基本公共服务效率评估［J］．成都大学学报（社会科学版），2020（1）：33–38.

[10] 范德成，李盛楠．区域高技术产业技术创新效率测度与提升路径研究——基于共享投入关联型两阶段 DEA 模型［J］．运筹与管理，2019，28（5）：156–165.

[11] 魏义方．公共文化财政支出绩效评价实证研究——基于投入共享型两阶段 DEA 模型［J］．中国物价，2020（9）：14–17.

[12] 杨李路．湖北省地方政府公共文化支出效率研究——基于三阶段 DEA 模型［J］．当代经济，2020（3）：54–56.

[13] 盛昭瀚，朱乔，吴广谋．DEA 理论、方法与应用［M］．北京：科学出版社，1996.

[14] 简志峰．数据包络分析（DEA）及其在成本收益分析中的应用［D］．天津：天津大学，2003.

[15] 曾康华．公共支出成本效益分析模型的运用［J］．数量经济技术经济研究，2000（1）：73–75.

[16] 宁国良，刘辉．成本 – 效益分析：公共政策执行力研究的新视角［J］．中国行政管理，2010（6）：61–64.

[17] 刘璇．基于成本 – 效益分析的公共图书馆经济价值研究［J］．图书馆杂志，2010，29（2）：10–15.

[18] 郑煜．基于成本 – 效益分析的公共图书馆财政支出绩效评价研

究［J］. 河南图书馆学刊，2017，37（12）：32-34.

［19］薛菁 . 浅析标杆管理法在政府绩效评估中的应用［J］. 辽宁行政学院学报，2007（7）：10-11.

［20］于文益，黄海滨，肖田野 . 标杆分析法的引进与应用研究［J］. 广东科技，2013，22（13）：39-42.

［21］罗良清，刘逸萱 . 标杆管理在地方政府绩效评估中的应用［J］. 统计教育，2006（1）：8-12.

［22］周卓儒，王谦，李锦红 . 基于标杆管理的 DEA 算法对公共部门的绩效评价［J］. 中国管理科学，2003（3）：73-76.

［23］杨长峰，贲德亮 . 基于层次分析法的标杆管理绩效评估［J］. 全国商情（理论研究），2011（Z1）：18-21.

［24］欧明臣，凌文辁 . 标杆分析法在图书馆绩效评估上的应用［J］. 情报资料工作，2003（6）：47-49.

［25］罗军 . 当代图书馆管理中的市场化工具［J］. 中国图书馆学报，2009，35（3）：85-95.

［26］刘路 . 高等教育机构 e-learning 质量评估"标杆管理法"述略［J］. 江苏高教，2014（3）：93-94.

［27］赖作莲 . 西部农村公共文化服务效能评价及提升对策研究［J］. 北方经济，2019（7）：65-69.

［28］彭程，胡玉华，骆杨柳，等 . 基于 AHP 分析法的浙江省基本公共文化服务标准体系构建实证研究［J］. 标准科学，2016（6）：38-42.

［29］普映娟 . 从公共文化服务绩效评估看层次分析法的不足及其改

进方法［J］. 保山学院学报，2013，32（2）：49–52.

［30］史富文 . 公共文化建筑 PPP 项目绩效评价指标体系研究［J］. 合作经济与科技，2020（4）：128–131.

［31］章建石，孙志军 .AHP 法在高校财政支出绩效评价中的应用［J］. 扬州大学学报（高教研究版），2006（1）：21–25.

［32］韩志弘 . 江苏省高等教育财政支出绩效评价实证研究［J］. 劳动保障世界（理论版），2013（4）：88–91.

［33］张吉军 . 模糊层次分析法（FAHP）［J］. 模糊系统与数学，2000（2）：80–88.

［34］费军，余丽华 . 电子政务绩效评估的模糊层次分析模型——基于公共服务视角［J］. 情报科学，2009，27（6）：894–899.

［35］何莎莎，陈羲，冯占春 . 基于三角模糊层次分析法的基本公共卫生服务均等化效果评价研究［J］. 中国卫生经济，2012，31（7）：43–46.

［36］许光建，魏义方 . 政府卫生支出绩效评价研究——以北京市为例［J］. 经济理论与经济管理，2012（7）：65–76.

［37］刘志斌，王彦红 . 城市社区体育公共服务体系综合评价研究——基于模糊层次分析法［J］. 职教论坛，2013（35）：94–96.

［38］崔军，杨琪 . 应急财政支出绩效评价指标体系构建研究——基于模糊层次分析法的考察［J］. 财贸经济，2013（3）：21–31.

［39］胡俊，杨绍昌 . 全民健身视域下社区公共体育服务评价体系的构建与完善研究［J］. 运动，2018（14）：126–127.

［40］安秀梅，邵世才 . 政府公共支出绩效评价方法的国际比较与我国评价方法的选择［J］. 财政监督，2007（5）：22–24.

第五章　公共文化财政支出绩效评价实证分析

本章探索将公共文化财政资金的使用过程划分为公共文化服务“机构建设”和“服务送达”两个阶段，通过构建投入共享型两阶段 DEA 效率评价模型，量化探讨不同阶段以及财政资金使用全过程的绩效情况。

一、研究方法的选取

随着公共文化财政支出绩效评价研究逐渐展开，评价方法逐渐从简易变得更为科学精准。早期研究通常采用横向比较以及历史比较方法对财政支出的绩效情况进行比较分析。例如，王晓洁（2012）通过比较 1999 年和 2009 年不同地区基本公共文化服务的泰尔指数，对公共文化服务政府投入结果的均等化程度进行了衡量。近年来，一些学者开始构建公共文化财政支出绩效评价指标体系，并进一步开展量化评价分析。例如，胡税根和李幼芸（2015）从投入、产出、过程、效果四个维度构建了公共文化财政支出绩效评价指标体系。苏祥、周长城和张含雪（2016）则从服务设施、文化活动、服务管理三个维度建立了公众导向的公共文化服务绩效评价指标体系。在指标权重的确定上，已有研究多依据专家的知识和经验主观赋值，虽然这种方法简便易行，但科学性和严谨性相对较低。

数据包络分析法充分利用多输入、多输出数据建立模型，通过线性规划计算得到系统和决策单元的相对效率等管理信息（魏权龄，2004），在公共文化财政支出绩效评价相关研究中得到了越来越多的应用。在权重确定上，与通过专家判断采用固定权重的方法有所不同，DEA 方法通过数据本身确定相关指标变量的权重。申亮和王玉燕（2017）以文化财政投入、机构数量以及从业人员数量为投入指标，以文化活动人次和场次为产出指标，运用 DEA 规模收益不变（CRS）模型，对省级政府公共文化服务供给效率进行了测算。杨林和秦玥（2017）以财政投入为投入指标，以公共图书馆、博物馆、文化站等公共文化场馆的数量为产出指标，建立投入导向的 DEA 模型，对 2011—2013 年各省份公共文化服务供给的技术效率和规模效率进行了测算。姚林香和欧阳建勇（2018）运用超效率 DEA 模型，以政府财政支出为投入指标，以农家书屋数量、文化活动室数量和开放情况，农村电影放映情况，以及电视、广播、互联网覆盖情况等为产出指标，对农村公共文化服务财政政策的绩效进行了定量评价，并进一步利用 Tobit 模型分析了影响财政政策绩效的主要因素。

现有研究围绕公共文化财政支出绩效的量化评价进行了有益探讨。但在绩效评价指标的选取上，受数据可得性等客观因素的影响，多数研究成果对公共文化服务基础设施等硬件指标、易衡量的客观性指标分析得较多，对服务内容和水平等软件指标、公益性社会价值指标的研究还不足。在绩效评价方法上，传统 DEA 模型将公共文化财政支出绩效实现过程视为不可分割的“黑箱”，整体分析其效率情况。在具体的实证分析中，一些研究将财政支出作为投入指标，将公共文化机构和人员情况等作为产出指标；一些研究则将机构设施和人员情况等作为公共文化服务的投入指标，将服务资源利用情况作为产出指标。

要充分有效地挖掘公共文化财政支出绩效信息，还需要进一步考虑投入要素如何转换成最终产出，即对公共文化财政支出的效率产生过程进行具体的分析。在金融领域被广泛采用的两阶段 DEA 模型弥补了传统单阶段 DEA 效率评价模型的不足。

公共文化财政资金的使用过程具有明显的两阶段特征：在机构建设阶段，财政资金的投入直接带来公共文化服务机构设施和人力资源等中间产出；在服务送达阶段，财政资金与机构设施和人力资源等中间产出一并作为投入，实现公共文化服务的最终送达。两阶段 DEA 方法为分析一个决策单元两阶段各自的效率、总产出的整体效率以及两阶段的效率差距提供了有力的工具。为此，本研究区别于已有研究，尝试建立公共文化财政支出绩效评价两阶段 DEA 模型，并选取相关指标开展实证分析，对我国公共文化财政支出的分阶段绩效和总体绩效情况进行量化评价。

二、绩效评价模型的构建

（一）公共文化财政支出绩效实现过程分析

公共文化财政支出绩效实现过程具有明显的两阶段特征。从公共文化财政资金的使用过程来看，初始财政资金的投入为公共图书馆、博物馆、文化馆等公共文化机构的建设以及人员队伍的建设等提供了经费保障，文化机构和从业人员是这一阶段的直接产出，同时这些直接产出也是进一步为社会公众提供图书借阅、文物展览、文艺活动等公共文化服务的重要投入因素。本研究将这一过程归纳为机构建设和服务送达两个前后密切关联的阶段。

在第一阶段，即机构建设阶段，财政资金的投入直接带来公共文化服务机构设施和人力资源等中间产出；在第二阶段，即服务送达阶段，财政资金与机构设施和人力资源等中间产出一并作为投入，实现公共文化服务的最终送达。第二阶段的输入一部分来自第一阶段的中间输出，也有一部分来自第一阶段的输入，财政资金作为共享投入，在两阶段按不同的比例分别进行投入。也就是说，公共文化财政支出绩效的产生过程具有典型的投入共享型两阶段特征，图 5-1 刻画了这一过程。需要指出的是，公共文化财政支出绩效的实现过程具有不可分割性，将公共文化财政资金的投入产出过程划分为两个阶段是为了更好地分析财政资金使用过程中的效率情况。

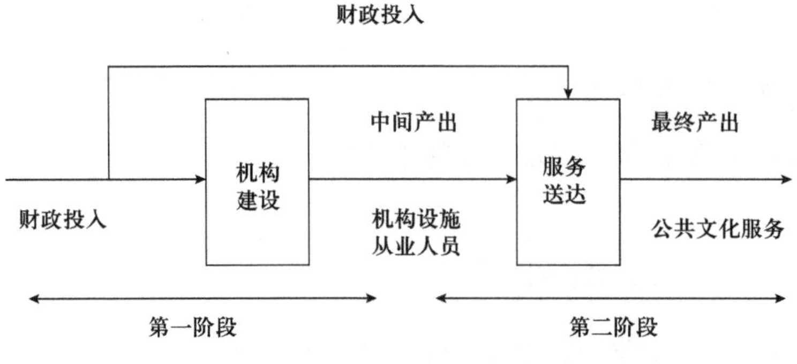

图 5-1　公共文化财政支出绩效实现过程

（二）投入共享型两阶段 DEA 模型构建

根据图 5-1 所示的公共文化财政支出绩效实现过程，构建公共文化财政支出绩效评价投入共享型两阶段DEA模型。假设财政投入转换为最终公共文化服务产出的过程中共有n个决策单元，每个决策单元有m个投入要素、q个中间产出、s个最终产出。X_{ij}、Z_{pj}、Y_{rj}分别表示决策单元j对应的第i项投入、第p项中间产出以及第r项最终产出。初始投入X_{ij}按一定比例在两个阶段进行分配，其中在第一阶段的比例为α_i，第二阶段的比例为$1-\alpha_i$，那么X_{ij}在第一阶段和第二阶段的投入分别为$\alpha_i X_{ij}$和（$1-\alpha_i$）X_{ij}。决策变量v_i^1、v_i^2分别表示初始投入在第一阶段和第二阶段的权重。对中间产品Z_{pj}而言，其既是第一阶段的产出，也是第二阶段的再投入，用变量w_p^1、w_p^2分别表示其在第一阶段产出和第二阶段投入的权重。用变量u_r表示最终产出Y_{rj}的权重。对第一阶段机构建设过程来说，其投入可表示为$\sum_{i=1}^{m} v_i^1 \alpha_i X_{ij}$，产出可表示为$\sum_{p=1}^{q} w_p^1 Z_{pj}$。对第二阶段服务送达过程来说，投入为部分初始财政资金投入和中间产品再投入之和，即$\sum_{i=1}^{m} v_i^2(1-\alpha_i)X_{ij}+\sum_{p=1}^{q} w_p^2 Z_{pj}$，产出为$\sum_{r=1}^{s} u_r Y_{rj}$。那么，对第$k$个决策单元，公共文化财政资金使用整个过程的总体投入可表示为初始投入和中间投入二者之和，即$\sum_{i=1}^{m} v_i^1 \alpha_i X_{ik}+\sum_{i=1}^{m} v_i^2(1-\alpha_i)X_{ik}+\sum_{p=1}^{q} w_p^2 Z_{pk}$，最终产出为$\sum_{r=1}^{s} u_r Y_{rk}$。根据规模报酬不变DEA模型，建立以整体效率最大化为目标的公共文化财政资金使用效率评价模型，如公式（1）所示。

$$E_k=\max \frac{\sum_{r=1}^{s} u_r Y_{rk}}{\sum_{i=1}^{m} v_i^1 \alpha_i X_{ik}+\sum_{i=1}^{m} v_i^2(1-\alpha_i)X_{ik}+\sum_{p=1}^{q} w_p^2 Z_{pk}}$$

$$s.t.\begin{cases}\dfrac{\sum_{r=1}^{s}u_rY_{rj}}{\sum_{i=1}^{m}v_i^1\alpha_iX_{ij}+\sum_{i=1}^{m}v_i^2(1-\alpha_i)X_{ij}+\sum_{p=1}^{q}w_p^2Z_{pj}}\leqslant 1\\ \dfrac{\sum_{p=1}^{q}w_p^1Z_{pj}}{\sum_{i=1}^{m}v_i^1\alpha_iX_{ij}}\leqslant 1\\ \dfrac{\sum_{r=1}^{s}u_rY_{rj}}{\sum_{i=1}^{m}v_i^2(1-\alpha_i)X_{ij}+\sum_{p=1}^{q}w_p^2Z_{pj}}\leqslant 1\\ 0<\alpha_i\leqslant 1;\ v_i^1,\ v_i^2,\ w_p^1,\ w_p^2,\ u_r\geqslant\varepsilon;\ i=1,\ 2,\ \cdots,\ m;\\ j=1,\ 2,\ \cdots,\ n;\ r=1,\ 2,\ \cdots,\ s;\ p=1,\ 2,\ \cdots,\ q\end{cases}\tag{1}$$

令 $t=\dfrac{1}{\sum_{i=1}^{m}v_i^1\alpha_iX_{ik}+\sum_{i=1}^{m}v_i^2(1-\alpha_i)X_{ik}+\sum_{p=1}^{q}w_p^2Z_{pk}}$

$W_p=tw_p$，$V_i^1=tv_i^1$，$V_i^2=tv_i^2$，$U_r=tu_r$

$\pi_i^1=V_i^1\alpha_i$，$\pi_i^2=V_i^2\alpha_i$

经过Charnes-Cooper转化，将模型（1）转化为线性规划模型（2）进行求解：

$$E_k=\max\sum_{r=1}^{s}U_rY_{rk}$$

$$s.t.\begin{cases}\sum_{i=1}^{m}\pi_i^1X_{ik}+\sum_{i=1}^{m}V_i^2X_{ik}-\sum_{i=1}^{m}\pi_i^2X_{ik}+\sum_{p=1}^{q}W_p^2Z_{pk}=1\\ \sum_{i=1}^{m}\pi_i^1X_{ij}-\sum_{p=1}^{q}W_p^1Z_{pj}\geqslant 0\\ \sum_{i=1}^{m}V_i^2X_{ij}-\sum_{i=1}^{m}\pi_i^2X_{ij}+\sum_{p=1}^{q}W_p^2Z_{pj}-\sum_{r=1}^{s}U_rY_{rj}\geqslant 0\\ V_i^2\geqslant\pi_i^2\geqslant\varepsilon;\ \pi_i^1,\ W_p^1,\ W_p^2,\ U_r\geqslant\varepsilon;\ i=1,\ 2,\ \cdots,\ m;\\ j=1,\ 2,\ \cdots,\ n;\ p=1,\ 2,\ \cdots,\ q\end{cases}\tag{2}$$

求解模型（2），分别得出投入变量、中间产出、中间投入、最终产出的权重系数以及初始投入在两阶段的分配比例，决策单元 k 第一阶段和第二阶段的效率值可分别通过公式（3）和（4）求解得出。

$$E_k^1=\frac{\sum_{p=1}^{q} w_p^1 Z_{pk}}{\sum_{i=1}^{m} v_i^1 \alpha_i X_{ik}} \tag{3}$$

$$E_k^2=\frac{\sum_{r=1}^{s} u_r Y_{rk}}{\sum_{i=1}^{m} v_i^2 (1-\alpha_i) X_{ik}+\sum_{p=1}^{q} w_p^2 Z_{pk}} \tag{4}$$

三、基于两阶段 DEA 模型的效率分析

（一）变量指标选取

结合公共文化财政资金使用过程的主要特点，综合考虑变量的重要程度和实际意义以及数据的可得性等因素，选取公共文化财政支出绩效实现过程各个阶段投入和产出的变量及具体的衡量指标，如表 5–1 所示。

表 5–1 两阶段 DEA 模型变量说明与衡量指标

变量名称	变量含义	衡量指标
公共文化财政投入（X1）	公共文化财政投入的绝对水平	文化事业费
公共文化财政支出占财政总支出的比重（X2）	公共文化财政投入的相对水平	文化事业费占财政总支出的比重
公共文化机构数（Z1）	公共文化服务基础设施情况，反映服务供给能力	公共图书馆、群众艺术馆、文化馆、文化站、艺术表演团体、艺术表演场馆、文物机构数量
公共文化机构从业人员数（Z2）	公共文化服务人才队伍情况，反映服务供给能力	公共图书馆、群众艺术馆、文化馆、文化站、艺术表演团体、艺术表演场馆、文物机构从业人员数

续表

变量名称	变量含义	衡量指标
公共文化服务惠及人次（Y）	公共文化服务送达和资源使用情况	公共图书馆总流通人次、群众文化机构文化服务惠及人次、艺术场馆观众人次、文物机构参观人次

第一阶段投入变量的选取：在初始投入变量选取上，考虑到对公共文化财政支出绩效评价来说，其评价的内容主要是政府在公共文化领域的财政投入，因此本研究选取公共文化财政投入（X1）和公共文化财政支出占财政总支出的比重（X2）作为财政资金使用过程的输入变量，以便较为全面地衡量公共文化财政投入的绝对水平和相对水平。这两个变量不仅在前期的机构建设阶段是重要的投入项，在后期的服务送达阶段也起到重要的支撑作用，它们按一定比例在两个阶段进行分配。在具体的衡量指标方面，采用文化事业费和文化事业费占财政总支出的比重这两个指标分别加以表示。

第一阶段产出变量的选取：在中间变量选取上，通过第一阶段的财政投入，直接带来公共文化服务机构设施和人力资源等中间产出，因而本研究选取公共文化机构数（Z1）和公共文化机构从业人员数（Z2）这两个变量来分别表示公共文化服务基础设施和公共文化服务人才队伍建设情况。这两个变量既是第一阶段财政投入的直接产出项，也是第二阶段公共文化服务送达过程的主要投入项。在具体的衡量指标上，选取公共图书馆、群众艺术馆、文化馆、文化站、艺术表演团体、艺术表演场馆、文物机构等公共文化服务机构的数量和从业人员的规模来具体反映公共文化服务基础设施和公共文化服务人才队伍建设情况以及服务供给能力。

第二阶段产出变量的选取：最终产出即公共文化财政投入所产生的结果，可以通过公共文化服务的可及性和服务的利用情况来反映，或者说是公共文化服务的送达情况和公众对公共文化服务资源的使用情况，因此本研究选取公共文化服务惠及人次（Y）作为最终产出变量。公共图书馆总流通人次、群众文化机构文化服务惠及人次、艺术场馆观众人次、文物机构参观人次等指标较为全面地反映了公共文化服务的送达情况，因此本研究选取这些指标对公共文化服务惠及人次变量进行衡量。

（二）样本选取与数据来源

考虑到我国公共文化财政投入绝大部分来自地方政府[①]，因此地方政府公共文化财政支出的绩效情况很大程度上反映了全国公共文化财政支出的整体绩效情况。在时间序列上，“十二五”以来，财政向文化领域倾斜的力度显著增强，公共文化财政支出的增长速度明显加快，公共文化财政支出增速较长一段时期内滞后于财政支出增速的状况得到了扭转，公共文化财政投入占比逐年上升。那么，文化领域财政资金的使用效率是否与投入规模同步得到了提升，非常值得关注和深入探讨。因此，本研究重点考察“十二五”以来公共文化财政支出的绩效情况，选取 2011—2018 年全国 31 个省份的公共文化财政支出绩效相关数据进行测算。相关数据来源于《中国文化和旅游统计年鉴（2019）》《中国文化文物统计年鉴（2012—2018）》。

① 2018 年全国文化事业费中地方投入占比高达 96.1%，中央仅占 3.9%。

（三）DEA 结果与分析

根据前文建立的公共文化财政支出绩效评价两阶段 DEA 模型，运用 Matlab 软件编程求解 31 个省（自治区、直辖市）2011—2018 年财政资金在公共文化服务机构建设阶段、服务送达阶段以及资金使用全过程的效率得分（具体程序代码参见附录 3），表 5-2 展示了 2011—2018 年 31 个省份的平均效率情况。整体来看，31 个省份公共文化财政支出的平均效率值在 0.7 左右，存在约 30% 的效率损失。分阶段来看，财政资金在公共文化服务送达阶段的效率得分相对较高，在机构建设阶段的效率得分明显偏低。并且“十二五”以来，两个阶段的效率差距呈扩大趋势。2011 年服务送达阶段的效率得分比机构建设阶段的得分高 0.42，到 2018 年这两个阶段的效率得分差距达 0.57。分省份来看，2011—2018 年，上海市、江苏省、广东省历年财政支出效率得分均在 0.9 以上，基本实现了投入产出的综合有效，尤其是在服务送达阶段，多数年份的效率得分为 1。

表 5-2　公共文化财政支出分阶段相对效率均值（2011—2018 年）

年份	机构建设阶段	服务送达阶段	整体效率	两阶段效率差
2011	0.2406	0.6558	0.6469	0.4152
2012	0.2121	0.6389	0.6282	0.4268
2013	0.2063	0.6980	0.6855	0.4918
2014	0.2005	0.6651	0.6521	0.4646
2015	0.1828	0.6868	0.6710	0.5040
2016	0.1769	0.6857	0.6675	0.5088
2017	0.1851	0.7026	0.6819	0.5175
2018	0.1788	0.7458	0.7222	0.5671

资料来源：作者测算。

注：表中数据受四舍五入影响，存在一定误差。

从公共文化财政支出绩效的区域比较情况来看，如表 5-3 所示，东部地区财政资金的使用效率普遍高于中部和西部地区。2011—2018 年，东部地区公共文化财政支出效率均值为 0.80，中部地区为 0.70，西部地区为 0.55。从公共文化财政支出绩效区域差异变动情况来看，东部地区和西部地区效率值的差距在“十二五”末期略有缩小，但“十三五”以来又有所拉大，二者的差值从 2011 年的 0.24 回升至 2018 年的 0.26；东部地区和中部地区效率值的差距则明显增大，二者的差值从 2014 年的 0.05 增加至 2018 年的 0.16。不同地区分阶段来看，在公共文化服务机构建设阶段，中部地区的效率均值超过了东部地区和西部地区；在公共文化服务送达阶段，东部地区的效率均值明显高于中西部地区，2018 年东部地区第二阶段的效率均值达 0.92，基本实现投入产出有效。

表 5-3　不同区域公共文化财政支出整体相对效率均值（2011—2018 年）

年份	东部	中部	西部	东西差距	东中差距
2011	0.7717	0.6757	0.5292	0.2425	0.0961
2012	0.7847	0.6691	0.4766	0.3080	0.1155
2013	0.7986	0.7391	0.5560	0.2426	0.0595
2014	0.7639	0.7138	0.5168	0.2471	0.0501
2015	0.7884	0.6933	0.5645	0.2240	0.0952
2016	0.8005	0.6804	0.5569	0.2436	0.1201
2017	0.8287	0.6749	0.5775	0.2512	0.1537
2018	0.8749	0.7142	0.6145	0.2604	0.1606

资料来源：作者测算。

注：同表 5-2。

四、实证结论

本章结合公共文化财政资金使用过程的特点，将公共文化财政支出绩效实现过程划分为机构建设和服务送达两个阶段，通过建立投入共享型两阶段DEA模型，对2011—2018年各省份公共文化财政资金的整体使用效率、分阶段效率和区域差异进行了定量分析。实证结果显示，总体上我国公共文化财政支出绩效还存在较大的提升空间，并且相比机构建设阶段，公共文化财政支出在服务送达阶段具有更为明显的效率优势，表明财政资金在服务送达阶段的投入产出更为有效。上海市、江苏省、广东省等地的公共文化财政支出在服务送达阶段基本实现有效供给，整体上更加接近投入产出有效。“十二五”以来，相对于中西部地区，东部地区的公共文化财政支出持续保持绩效优势，东部和西部地区财政资金使用效率的差距没有明显的缩小趋势，东部与中部地区的效率差距则呈现出扩大趋势。

上述实证分析结果可以带给我们以下几点启示。一是在公共文化服务领域财政资金的使用方式上，加快由“养机构、养人”向“养服务、养事”转变。与公共文化服务机构建设阶段相比，服务送达阶段财政资源的配置能力和使用效率具有更高的水平，政府购买公共文化服务等方式有利于促进财政资金使用效益的提升。二是宣传推广高绩效地区的经验做法，发挥示范带动作用。梳理典型地区在预算绩效评价以及公共文化财政支出绩效管理等方面的主要做法，形成可复制、可推广的经验，加大宣传和推广力度，提升公共文化财政资金的科学化和精细化管理水平。三是充分发挥科技创新在提升财政资金使用效益中的作用。提高公共文化服务的信息化和智能化水平，实现线上与线下互动，推动互联网、大数据、人工智能等现代信息技术在公共文化服务领域的运用。

参考文献

[1] 王晓洁. 中国基本公共文化服务地区间均等化水平实证分析——基于1999年、2009年数据比较的考察[J]. 财政研究，2012（3）：26–29.

[2] 胡税根，李幼芸. 省级文化行政部门公共文化服务绩效评估研究[J]. 中共浙江省委党校学报，2015，31（1）：26–31.

[3] 苏祥，周长城，张含雪. “以公众为导向”的公共文化服务绩效评估：理论基础与指标体系[J]. 黑龙江社会科学，2016（5）：85–90.

[4] 魏权龄. 数据包络分析[M]. 北京：科学出版社，2004.

[5] 申亮，王玉燕. 我国公共文化服务政府供给效率的测度与检验[J]. 上海财经大学学报，2017，19（2）：26–37.

[6] 杨林，秦玥. 国家善治导向下公共文化服务有效供给的财政对策研究[J]. 经济与管理评论，2017，33（2）：72–78.

[7] 姚林香，欧阳建勇. 我国农村公共文化服务财政政策绩效的实证分析——基于DEA–Tobit理论模型[J]. 财政研究，2018（4）：86–97.

第六章 政府购买公共文化服务绩效评价

除了通过财政养人养机构来直接提供公共文化服务之外，近年来政府投入越来越多的财政资金，通过向社会力量购买服务来提供公共文化服务。本章对政府购买公共文化服务绩效评价的内涵、现状、组织实施和评价指标等进行了探讨。

一、政府购买公共文化服务绩效评价的内涵

（一）政府购买公共文化服务

2006 年 8 月，我国颁布了《国家“十一五”时期文化发展纲要》，将加强公共文化服务作为下一步文化建设的重要内容，这是国家首次明确提出“公共文化服务”的概念，从此公共文化服务体系建设愈加为政府所重视。2013 年，党的十八届三中全会将构建现代公共文化服务体系，促进基本公共文化服务标准化、均等化作为全面深化改革的重点任务之一。2015 年 5 月，国务院办公厅转发原文化部等部门《关于做好政府向社会力量购买公共文化服务工作的意见》，要求到 2020 年在全国基本建立比较完善的政府向社会力量购买公共文化服务体系，形成与经济社会发展水平相适应、与人民群众精神文化和体育健身需求相符合的公共文化资源配置机制和供给机制。党的十九大报告指出，要完善公共服务体系，保障群众基本

生活，不断满足人民日益增长的美好生活需要。政府购买公共文化服务这项举措就在这样一个大背景下孕育而出并日益推进。

《政府购买服务管理办法》（财政部令第102号，2020年3月起施行）第一章第二条明确指出，政府购买服务是指各级国家机关将属于自身职责范围且适合通过市场化方式提供的服务事项，按照政府采购方式和程序，交由符合条件的服务供应商承担，并根据服务数量和质量等因素向其支付费用的行为。政府购买公共文化服务是政府购买服务的重要组成部分，同样是一种契约化的公共文化服务提供方式。要了解政府购买公共文化服务，需要了解清楚谁要购买、向谁购买、购买什么，即政府购买公共文化服务的购买主体、承接主体和购买内容。

2015年5月5日，国务院办公厅转发了原文化部、财政部、原新闻出版广电总局、体育总局《关于做好政府向社会力量购买公共文化服务工作的意见》，要求积极有序推进政府向社会力量购买公共文化服务工作，并对公共文化服务购买主体、承接主体和购买内容做出了明确规定，具体如下。

1. 购买主体——政府

政府向社会力量购买公共文化服务的购买主体是承担提供公共文化服务责任的各级行政机关。

2. 承接主体——社会力量

政府向社会力量购买公共文化服务的承接主体主要为具备提供公共文化服务的能力，且依法在登记管理部门登记或经国务院批准予以登记的社会组织和符合条件的事业单位，以及依法在工商管理或者行业主管部门登记成立的企业机构等社会力量。

对于事业单位承接政府购买服务，2016 年财政部印发的《关于做好事业单位政府购买服务改革工作的意见》（财综〔2016〕53 号）做出了进一步规范：完全或主要承担行政职能的事业单位可以比照政府行政部门，作为政府购买服务的购买主体；承担公共文化等基本公益服务，不能或不宜由市场配置资源的公益一类事业单位，既不属于政府购买服务的购买主体，也不属于承接主体，不得参与承接政府购买服务。

3. 购买内容——公共文化服务

政府向社会力量购买公共文化服务的购买内容为符合先进文化前进方向、健康积极向上、适合采取市场化方式提供、社会力量能够承担的公共文化服务，突出公共性和公益性并主动向社会公开。原文化部、财政部、原新闻出版广电总局、体育总局将政府购买公共文化服务指导性目录分为两级，一级目录分为五个部分，分别为：公益性文化体育产品的创作与传播，公益性文化体育活动的组织与承办，中华优秀传统文化与民族民间传统体育的保护、传承与展示，公共文化体育设施的运营和管理，民办文化体育机构提供的免费或低收费服务（具体见表 6-1）。

表 6-1　政府向社会力量购买公共文化服务指导性目录

一级目录	二级目录
公益性文化体育产品的创作与传播	（一）公益性舞台艺术作品的创作、演出与宣传
	（二）公益性广播影视作品的制作与宣传
	（三）公益性出版物的编辑、印刷、复制与发行
	（四）公益性数字文化产品的制作与传播

续表

一级目录	二级目录
公益性文化体育产品的创作与传播	（五）公益性广告的制作与传播
	（六）公益性少数民族文化产品的创作、译制与传播
	（七）全民健身和公益性运动训练竞赛的宣传与推广
	（八）面向特殊群体的公益性文化体育产品的创作与传播
	（九）其他公益性文化体育产品的创作与传播
公益性文化体育活动的组织与承办	（一）公益性文化艺术活动（含戏曲）的组织与承办
	（二）公益性电影放映活动的组织与承办
	（三）全民阅读活动的组织与承办
	（四）公益性文化艺术培训（含讲座）的组织与承办
	（五）公益性体育竞赛活动的组织与承办
	（六）全民健身活动的组织与承办
	（七）公益性体育培训、健身指导、国民体质监测与体育锻炼标准测验达标活动的组织与承办
	（八）公益性青少年体育活动的组织与承办
	（九）面向特殊群体的公益性文化体育活动的组织与承办
	（十）其他公益性文化体育活动的组织与承办
中华优秀传统文化与民族民间传统体育的保护、传承与展示	（一）文化遗产保护、传承与展示
	（二）优秀民间文化艺术的普及推广与交流展示
	（三）民族民间传统体育项目的保护、传承与展示
	（四）其他优秀传统文化和传统体育的保护、传承与展示
公共文化体育设施的运营和管理	（一）公共图书馆（室）、文化馆（站）、村（社区）综合文化服务中心（含农家书屋）等运营和管理
	（二）公共美术馆、博物馆等运营和管理
	（三）公共剧场（院）等运营和管理
	（四）广播电视村村通、户户通等接收设备的维修维护
	（五）公共电子阅览室、数字农家书屋等公共数字文化设施的运营和管理
	（六）面向特殊群体提供的有线电视免费或低收费服务
	（七）公共体育设施、户外营地的运营和管理
	（八）公共体育健身器材的维修维护和监管
	（九）其他公共文化体育设施的运营和管理

续表

一级目录	二级目录
民办文化体育机构提供的免费或低收费服务	（一）民办图书馆、美术馆、博物馆等面向社会提供的免费或低收费服务
	（二）民办演艺机构面向社会提供的免费或低票价演出
	（三）互联网上网服务场所面向社会提供的免费或低收费上网服务
	（四）民办农村（社区）文化服务中心（含书屋）面向社会提供的免费或低收费服务
	（五）民办体育场馆设施、民办健身机构面向社会提供的免费或低收费服务
	（六）其他民办文化体育机构面向社会提供的免费或低收费服务

资料来源：根据《关于做好政府向社会力量购买公共文化服务工作的意见》整理。

（二）政府购买公共文化服务绩效评价

1. 政府购买服务绩效评价

《国务院办公厅关于政府向社会力量购买服务的指导意见》（国办发〔2013〕96号）中强调要“加强政府向社会力量购买服务的绩效管理，严格绩效评价机制”，但是对于绩效评价的内涵、原则、程序等都未做明确、详细的规定。《政府购买服务管理办法》在第四章第二十条中对政府购买服务绩效评价做出了要求：“购买主体实施政府购买服务项目绩效管理，应当开展事前绩效评估，定期对所购服务实施情况开展绩效评价，具备条件的项目可以运用第三方评价评估。财政部门可以根据需要，对部门政府购买服务整体工作开展绩效评价，或者对部门实施的资金金额和社会影响大的政府购买服务项目开展重点绩效评价。”同时在第二十一条中明确了绩效评价结果的应用：“购买主体及财政部门应当将绩效评价结果作为承接主体选择、预算安排和政策调整的重要依据。”

2. 政府购买公共文化服务绩效评价

国内关于政府购买服务绩效评价的研究起步较晚，重点集中在绩效评价的思路方法、模式路径、指标等方面。魏中龙等（2010）认为政府购买公共服务绩效指标应该包括政府投入指标、公共服务机构供给指标、接受服务群众满意度指标三个方面，并在SOM神经网络的基础上构建了政府购买公共服务绩效评价模型。该研究还以政府购买“居家养老”服务为例，通过对比不同地区政府购买服务的绩效，提出了提高政府购买服务效率的措施。李山（2015）提出政府购买公共文化服务绩效考核存在着市场路径、民主路径和社会路径三种不同的路径。徐家良和许源（2015）则指出，虽然政府购买公共服务绩效评价大致遵循学术界通常所说的公共服务绩效评价的三个维度，即经济（Economy）、效率（Efficiency）、效果（Effectiveness），但是，相比公共服务绩效评价，政府购买服务绩效评价的复杂性较高，不能用政府绩效评价或公共服务绩效评价的指标来简单代替政府购买服务绩效评价的指标。叶托和胡税根（2015）运用文献法、德尔菲法和层次分析法，构建了包括6个维度和36个具体指标的政府购买服务绩效评估指标体系。

在《关于做好政府向社会力量购买公共文化服务工作的意见》中，对政府购买公共文化服务绩效评价做了以下要求：“健全由购买主体、公共文化服务对象以及第三方共同参与的综合评审机制；加强对购买公共文化服务项目的绩效评价，建立长效跟踪机制。在绩效评价体系中，要侧重服务对象对公共文化服务的满意度评价。政府向社会力量购买公共文化服务的绩效评价结果要向社会公布，并作为以后年度编制政府向社会力量购买公共文化服务预算和选择政府向社会力量购买公共文化服务承接主体的重要参考依据。”除绩效评价的综合评审机制外，上述要求还强调了绩效评价的长效性、服务对象的满意度以及评价结果的公开性，较《政府购买服务管理办法》中的规定更加精细严格。

二、政府购买公共文化服务绩效评价体系和地方探索

（一）绩效评价体系

政府购买公共文化服务绩效评价作为政府绩效评价的一个重要组成部分，是指测量和评判政府购买公共文化服务行为在一定时期的“成绩”和“效益”。政府绩效评价体系一般包括组织、技术、制度等内容，并围绕“为什么评价”“评价什么”“如何评价”“谁来评价”“为谁评价”等问题不断延伸、不断发展，而政府购买公共文化服务绩效评价则是基于政府绩效评价的一种具体化和专门化的拓展。

1. 政府购买公共文化服务绩效评价的主客体

20 世纪 40 年代，随着克莱伦斯·雷德和赫伯特·西蒙的著作《市政工作衡量——行政管理评估标准的调查》的出版，现代政府绩效评价正式出现。作为一项有效的政府管理及监督工具，政府绩效评价一直以来都是中西方公共管理及政府管理研究关注的重点。21 世纪以来，我国不断开展政府绩效评价的实践探索，催生了多种评价模式，民间第三方评价活动悄然兴起。

在评价主客体方面，政府购买公共文化服务绩效评价的主体是某些组织、团体或个人，评价主体关系到评价结果的客观性、真实

性和科学性。目前，政府绩效评价的主体日趋多元，依靠政府部门自身、政府的上级主管部门等主体的单一内部评价不再是唯一的评价形式，企业、非营利组织等独立的第三方评价主体成为政府绩效评价主体的生力军。第三方评价有利于提高评价结果的客观性和科学性，是对政府、消费者等其他主体评价的有力补充。政府购买公共文化服务绩效评价的客体是购买服务的效率与质量，通过一套系统科学的程序来对其进行评价，从而考核由非政府组织所提供的公共服务的过程、效果和社会影响。当然，政府作为购买者，也应成为政府购买公共服务绩效评价的对象。政府向社会力量购买服务所需资金是在既有的财政预算安排中统筹考虑，政府购买服务绩效评价作为预算绩效管理的组成部分，是预算执行过程中，政府通过合同约定的形式，依法对向社会力量购买服务全过程进行绩效监控和绩效评价的行为。

应加强政府购买公共文化服务的绩效管理，完善绩效评价机制，建立健全由购买主体、承接主体、服务对象及第三方等参与的综合评审机制，对购买服务项目的数量、质量、资金使用绩效和公众满意度等进行考核评价，并将评价结果作为以后年度编制政府购买公共文化服务预算和选择政府购买服务承接主体的重要参考依据。

2. 政府购买公共文化服务绩效评价的原则

政府是公共产品和服务的提供者，政府绩效评价应将服务职责、服务质量、公民满意度作为评价标准。在西方的“政府再造”运动中，政府采取以公众需求为中心、以公众满意为服务标准的“顾客至上”的服务理念及承诺制度。

20世纪60年代，美国会计总署率先提出“3E”评价法。“3E”由经济（Economy）、效率（Efficiency）、效果（Effectiveness）构成，并作为政府绩效评价体系的经典模式被欧美国家广泛应用。英国财政部对“3E”的界定如下：“经济——指输入成本的降低程度。在实践中，它通常以低成本投入而获得的金钱节省为量度，如通过市场检验或使用较低等投入（如用二等邮票代替一等邮票）而获得的成本降低。效率——一种活动或一个组织的产出与其投入之间的关系。最常用的效率测定的概念是劳动生产率及单位成本。效果——指产出对最终目标所作贡献的大小。”由于政府提供的公共服务和产品不是市场化产品，政府很难像企业或其他营利性组织那样把效率作为主要的衡量指标，因此对于难以量化的公共产品和服务，只适合以效果来衡量其绩效。

新公共行政运动以来，公平日益受到重视，并逐步成为评价政府绩效的重要指标。在考虑多元化价值取向的基础上，西方发达国家逐步发展出一个包含公平（Equity）在内的“4E”政府绩效评价体系。与此同时，产出（Output）的数量与质量、结果（Outcome）、价值（Value for Money）、顾客满意度等要素也逐渐被纳入政府绩效评价指标中。

根据新公共管理中的“3E”标准，经济、效率、效果应作为政府购买公共文化服务绩效评价的价值取向，并且融合公平、正义和民主等元素。这体现了政府购买公共文化服务绩效评价不仅要考虑成本和效率，而且要彰显公正和以民为本，政府绩效评价的标准日趋多元和综合。

3. 政府购买公共文化服务绩效评价的方法

政府购买公共文化服务绩效评价的方法因其应用范围、形式的不同可分为公开评估与封闭评估、内部评估与外部评估等类型，其中外部评估又包括专家评价与公众评议等。通常，绩效评价的方法有平衡计分卡、目标管理法、关键绩效指标法和数据包络分析法（DEA）等。

（1）平衡计分卡。20世纪90年代初，哈佛大学教授罗伯特·卡普兰和复兴全球战略集团的创始人大卫·诺顿发明了一种全新的绩效评价方法——科莱斯平衡计分卡（Careersmart Balanced Score Card），目的是为企业提供一个全面、多角度计量企业绩效的系统。平衡计分卡是从财务、客户、内部运营、学习与成长四个角度，将组织的战略落实为可操作的衡量指标和目标值的一种新型绩效管理体系。平衡计分卡考虑了财力和非财力的因素，并将短期利益和长期利益相结合。战略目标通常较为抽象，采用平衡计分卡的方法可以将其细化和具体化，并落实到具体的工作行为之中。

但是平衡计分卡要求考核的要素完整，对实施的专业度要求很高，实施难度较大，实施周期也相对较长，短期内很难体现其对战略的推动作用。并且，平衡计分卡是以岗位为核心进行目标分解，很难分解至个人，因而不能有效地考核个人。

（2）目标管理法。目标管理（Management by Objectives）于1956年由美国的管理心理学家杜拉克提出，并把重点放在各级管理人员上。1965年，沃迪恩将参与目标管理的人员扩大到整个人群范围。他认为，实行目标管理的过程是由上下级一起来确定共同的目标，使工作人员从中受到激励，然后由大家共同对所确定的目标具体化并检验实施情况和评价实施结果。目标管理法强调组织成员亲自参与工作目标的制定，实现“自我控制”，并努力完成工作目标。由于有明确的目标作为考核标准，使得对工作成果的评价和奖励更为客观与合理，因而可以激发组织成员为完成组织目标而努力，对调动成员的积极性、增强组织的凝聚力有很好的作用。

在这种方法下，由于考核是基于设定的目标，完成的成效如何、完成的程度如何、完成的量如何是公开透明的，不存在过多的人为主观成分，因此考核的公开性比较好。在实行目标管理时往往将绩效指标进行分解，明确责任和权利。同时，考核指标也均容易度量，显性绩效的成分较多。然而，目标管理法是一种轻过程、重结果的评价方法。由于计划在未来面临许多不确定因素，而目标管理必须保持其明确性和确定性，目标不得经常改变，因此灵活性较差。

此外，还有数据包络分析法（Data Envelopment Analysis）、关键绩效指标法（Key Performance Indicator）等。在我国的具体实践中，各地在公共服务绩效评价中大多采用内外部评价相结合的评价方式。如果当前政府对服务承包商信息的收集和分析能力较低，机构自评是可行的，但影响评价结果的客观性和科学性。因此，大多数情况下，应采用多元评价方式，并合理设置不同评价方式的权重。

（二）地方探索

1. 地方实践概况

从 2015 年开始，我国各级地方政府陆续出台了有关政府购买公共文化服务绩效评价的政策法规，也提出了一系列的工作要求。2015 年 11 月 10 日，北京市财政局发布《关于推进市级政府购买服务项目绩效评价管理工作的通知》，提出开展政府购买服务的绩效评价工作；同年 12 月 17 日，天津市财政局发布《天津市市级政府向社会力量购买服务监督检查和绩效评价管理暂行办法》，明确了绩效评价的程序；2017 年 3 月 9 日，河南省财政厅印发《河南省政府购买服务绩效评价暂行办法》，以加强对政府购买服务的管理；2018 年 10 月 15 日，江苏省财政厅、民政厅印发《江苏省政府向社会组织购买服务绩效评价办法》，对政府购买服务绩效评价的内容、程序、结果及应用等做出了明确规定。各地不仅在制度上规范了政府购买公共文化服务绩效评价的过程，也在实践上进行了有益探索，并呈现多元化、地域化、规模化、制度化的发展趋势。

（1）北京市的实践。北京市财政局于 2014 年颁布了《北京市市级政府向社会力量购买服务预算管理暂行办法》（京财综〔2014〕1544 号），并于 2015 年颁布了正式的管理办法《北京市市级政府向社会力量购买服务预算管理办法》（京财综〔2015〕1562 号），该办法明确了政府购买服务内容采取指导目录的形式进行管理。2017 年，北京市财政局印发《北京市财政局政府购买服务指导性目录》（京财财务〔2017〕1172 号），此后各区财政局也明确了各自的指导性目录，目录范围内的项目均可以采用政府购买服务的形式采购。2019 年，北京市财政局印发《北京市政府购买服务预算管理办法》（京财综〔2019〕1554 号），废止了 2015 年颁布的同类管理办法，同时修订了指导性目录，进一步规范政府购买服务工作。

北京市在政府购买服务预算管理方面做了大量工作，但结果管理不够规范，没有完全按要求开展验收工作。另外，未建立针对政府购买公共文化服务的绩效评价体系以及与后续采购相衔接的管理和配套制度。虽然2018年开始推进第三方对政府购买服务的绩效评价，但有针对性的系统评价体系还没有建立起来，评价结果与评价要求还存在一定差距。

（2）浙江省的实践。为全面提高浙江省城乡公共文化服务水平，加快构建现代公共文化服务体系，2015年7月，浙江省委省政府制定了《浙江省基本公共文化服务标准（2015—2020年）》，包括49条，要求到2020年全面实现。2018年3月，《浙江省公共文化服务保障条例》正式施行，其中第二十五条明确规定："县级以上人民政府应当根据当地经济社会发展水平、公共文化服务需求状况和财政预算安排情况，制定和适时调整政府购买公共文化服务目录，并加强对购买公共文化服务项目的绩效评价。"截至2020年9月底，浙江省已全面实现基本公共文化服务标准化：省、市、县（市、区）、乡镇（街道）、村（社区）五级公共文化设施网络布局日臻成熟，市有五馆、县有四馆、区有三馆建设基本完成，乡镇（街道）综合文化站和村（社区）文化服务中心实现全覆盖；县级文化馆总分馆、县级图书馆总分馆等6项指标位列全国第一；文化人才队伍建设不断探索创新。在提升基本公共文化服务水平的同时，浙江省对购买公共文化服务项目的绩效评价也比较重视，以2019年为例，浙江省慈溪市、乐清市、泰顺县、三门县等县级以上人民政府在网站上就采购服务的项目名称、项目简介、服务时间、所涉金额、绩效评价结果等内容进行了一定程度的公开。

（3）无锡市的实践。从 2005 年开始，无锡市对全市市政设施养护、污水处理、路灯设施维护、环卫清扫保洁、水资源监测、社会办养老机构、城区绿化养护、文化、旅游、结核病防治等十多项公共事业进行了政府购买公共服务的探索实践。2013 年，无锡市人民政府发布《关于全面深化政府向社会力量购买服务的贯彻实施意见》（锡政发〔2013〕197 号），进一步加大政府购买服务力度。

2018 年，无锡市大力开展政府向社会力量购买公共文化服务工作，经各区文化部门审核推荐，共上报项目 137 个，确定购买项目 77 个，购买金额总计 830 万元。2019 年，为进一步推进基本公共文化服务标准化、均等化，无锡市继续开展政府向社会力量购买公共文化服务工作，并对农村群众、农民工等特殊群体开展的文化惠民项目优先支持，对在开放式景区等开展的小剧场公益演出，以及依托基层综合性文化服务中心、非国有博物馆、美术馆、艺术馆等阵地开展的公益文化活动给予重点支持。无锡市政府购买公共文化服务后，每年年终（或年中）由各行业管理部门会同市财政部门依照合同要求，按照评估标准对购买服务事项的实施情况进行评估。完成合同要求的，全额支付费用；未完成合同要求的，扣减相应费用（黄元宰和梅华，2008）。

2. 存在问题

随着财政支出绩效评价工作的推进，我国形成了比较合理的财政支出绩效评价方法和工作流程。但由于政府购买公共文化服务工作在我国开展时间不长，各级政府在理论与实践上存在不足，使得实施办法、指导意见、绩效评价方法等缺少一定的操作性和指导性，目前尚未形成统一的工作方法及具有权威性的法律法规和制度规范，标准量化且操作性强的绩效评价体系还未充分建立。政府购买公共文化服务绩效评价存在的问题具体体现在以下几个方面。

（1）评价主体设计缺乏合理性。我国政府购买公共文化服务绩效评价的主体单一，没有成立专门的绩效评价机构。虽然相关人员参与了绩效评价的过程，但只是被动地提供信息，并没有权利对结果进行评价、判断。政府在购买公共文化服务的过程中具有购买者与监督者的双重身份：一方面，政府在购买对象、价格的确定和费用的支付等方面拥有决定权，因此政府有追求购买公共文化服务利益最大化的需要；另一方面，政府作为治理者和管理者，有权力监督社会组织。由于这种复杂交叉的身份和利益关系，容易导致评价和监督力度不足。

为明确相关主体的责任，积极推进政府购买服务第三方绩效评价工作，2018 年 8 月，财政部正式发布《关于推进政府购买服务第三方绩效评价工作的指导意见》，陕西、宁夏、云南、贵州、浙江等地方政府也基于此陆续完善了地方文件。虽然如此，但仍然缺乏与第三方评价机制相配套的管理办法或实施条例，已有政策规章存在不够全面细致的问题。

（2）评价程序和监督机制不够规范和健全。在政府购买公共文化服务的过程中，由于缺乏足够的竞争性与公开性，存在信息不对称的情况。2017 年 10 月，财政部发布《关于政府购买服务信息平台运行管理有关问题的通知》，要求各省级政府购买服务管理部门建设当地“政府购买服务信息平台”，以加强政府与社会、中央与地方和部门之间的信息沟通和工作交流。但部分地方政府未重视购买服务信息平台的建设，现有平台存在栏目不全、内容缺失等问题（姜爱华和杨琼，2020）。

由于各自的侧重点不同，导致对同一个项目选取的绩效评价指标、标准和方法都有可能不同，这样产生的评价结果会存在很大的差异，使可比性和实践指导价值较低。在评价过程中，是否有统一的、公开的标准，是否对考核结果进行公开，关系到考核的效果。此外，政府购买公共文化服务绩效评价主要以政府部门的内部监督和评价为主，若政府部门特别是地方政府自身的能力建设欠缺、相关专业人才的储备不足，则难以应对公共文化服务提供过程中遇到的各种专业性问题，从而影响评价和监督的效果。

（3）绩效评价指标构建不完善。我国政府购买公共文化服务绩效评价的指标体系主要根据中央、省、市等财政部门颁布的绩效评价管理办法和国内外学者提出的研究理论而制定，目前在全国范围内尚未形成一套统一的绩效评价指标。现有的绩效评价指标体系综合性不强、设计不科学，未将创新能力、满意度之类的指标包含在内。同时，绩效评价指标以定性指标为主，并未将指标进一步细化和定量化，实际操作难度高，评价结果准确性低。另外，评价主体采用定性指标进行绩效评价时，带有个人主观色彩，难以客观地进行绩效评价，导致绩效评价结果的可靠程度不高、准确性不足。评价方法体系的实际操作性和全面性也不足，目前的研究大多侧重于其中一个方面，没有系统性地进行研究。今后应考虑如何将设计的绩效评价指标用于实际的绩效评价工作中以及对评价结果进行有效的分析，以增强绩效评价工作的实效性。

（4）评价结果的应用不到位。根据信息公开的要求，绩效评价的结果应在相关平台公开并接受社会和公众的监督，同时作为财政安排预算、编制项目预算、结算经费、信用评级的重要依据。目前，已经有一些地方政府开始将项目结果和评价结果向社会公布，接受社会监督，对项目评价制定绩效得分和绩效等级。但是，对评价结果的应用整体呈现出不到位的问题。虽然在理论建设和制度规章层面都在强调评价结果的应用，但在实践中评价结果却并未得到深入广泛的应用，并且缺乏必要的反馈形式与监督渠道。即使少数地方公开了绩效评价结果，也大多流于形式和表面，根据其公开的程度，并不能充分了解市场化购买公共文化服务是否比政府直接提供更有效率，更无法了解绩效评价的结果是否应用于预算、结算等过程中。

三、政府购买公共文化服务绩效评价的组织实施和指标

2018 年发布的《关于全面实施预算绩效管理的意见》提出，要建成全方位、全过程、全覆盖的预算绩效管理体系，积极开展政府购买服务项目绩效管理。政府购买公共文化服务绩效评价属于预算绩效管理的范畴，从预算绩效管理的角度看，目前我国已基本形成中央部门绩效目标申报全覆盖、绩效自评全覆盖的预算绩效管理机制。但要将绩效评价渗透进政府购买公共文化服务过程中的每个环节，构建起更加完善的政府购买公共文化服务全过程绩效评价体系，全面提升政府购买公共文化服务的绩效，真正实现“预算编制有目标、预算执行

有监控、预算完成有评价、评价结果有反馈、反馈结果有应用”，需要在政府购买公共文化服务绩效评价的组织实施上下大功夫。

（一）绩效评价对象和实施主体

1. 绩效评价的对象

由于政府购买公共文化服务属于预算绩效管理的范畴，因此需要按照预算绩效管理的要求，对政府购买公共文化服务项目的财政资金开展绩效评价。同时，在一般政府购买公共文化服务项目中，通常购买主体通过合同管理模式对承接主体的实施情况进行约束，所以在政府购买公共文化服务项目的合同中，应当明确绩效评价的一些核心指标，如服务价格、服务数量、服务质量、服务对象满意度、服务效益等。因此，政府购买公共文化服务绩效评价的对象既包括政府购买公共文化服务项目的财政资金，也包括政府购买公共文化服务项目的合同本身。

2. 绩效评价的实施主体

政府购买公共文化服务绩效评价工作涉及的实施主体（参与者）及相关职责如下。

（1）财政部门。负责对政府购买公共文化服务绩效评价工作进行统一指导和组织，包括制定相关制度，组织、指导相关部门开展绩效管理工作，并按照规定对政府购买公共文化服务的绩效目标、绩效监控、绩效评价、绩效评价结果应用实行管理工作。

（2）文化管理部门。文化管理部门在财政部门制定的政府购买公共文化服务绩效评价相关制度文件的指导下，对政府购买公共文化服务绩效评价制度进行细化，并指导、监督、检查绩效评价的具体实施，包括绩效目标的申报与审核、绩效目标的执行与监控、绩效评价的组织实施、绩效评价结果的反馈与应用等。

（3）购买主体（政府购买公共文化服务项目的预算单位）。政府购买公共文化服务项目的预算单位既是绩效评价的考评者，也是被考评者。从政府购买公共文化服务绩效目标的编报、执行、自评等，到指导、监督承接主体履约，购买主体在整个实施过程中均有较高的参与度。

（4）承接主体（企业、社会组织等）。按照政府购买公共文化服务合同的要求开展绩效管理工作，进行绩效跟踪和自评，报送绩效自评结果，确保达到购买主体对服务数量和质量的预期。

（5）第三方机构。第三方机构在各级财政部门和文化管理部门的业务指导和购买主体的具体组织下，开展绩效评价工作，就购买服务行为的经济性、规范性、效率性、公平性开展评价。

（6）其他。包括绩效评价专家、行业协会商会、公众、媒体等，因为其具有相对独立性，所以可增强绩效评价的客观性和公信力。他们根据相关材料，利用自己的专业技术、经验、资源等优势，结合项目的实际情况进行评判，形成绩效评价意见。

（二）绩效评价指标

1. 绩效指标及绩效评价指标

绩效指标是将绩效目标进行细化和量化后形成的可操作的具体标准。根据《项目支出绩效评价管理办法》（财预〔2020〕10号），绩效指标主要有三项：产出指标、效益指标和服务对象满意度指标。产出指标是对预期产出的描述，包括数量指标、质量指标、时效指标和成本指标；效益指标是对预期效果的描述，包括经济效益指标、社会效益指标、环境效益指标、可持续影响指标等；服务对象满意度指标是反映服务对象或受益人的认可程度的指标。

政府购买公共文化服务项目作为财政支出项目的一类，对其进行绩效评价时可以采用《预算绩效评价共性指标体系框架》（财预〔2013〕53号）和《项目支出绩效评价管理办法》（财预〔2020〕10号）中确立的共性指标和指标框架，包括一级指标（投入、过程、产出、效果）和二级指标（项目立项、资金落实、业务管理、财务管理、项目产出、项目效益），并根据二级指标进一步细化为三级指标，形成层次清晰、系统完整的指标体系框架。对于政府购买公共文化服务项目，个性指标应是对框架中三级指标的细化和说明。

2. 绩效评价指标的建立

财政部《关于推进政府购买服务第三方绩效评价工作的指导意见》（财综〔2018〕42号）指出："编制预算时应同步合理设定政府购买服务绩效目标及相应指标，作为开展政府购买服务绩效评价的依据。指标体系要能够客观评价服务提供状况和服务对象、相关群体以及购买主体等方面满意情况，特别是对服务对象满意度指标应当赋予较大权重。"《项目支出绩效评价管理办法》（财预〔2020〕10号）明确了绩效评价指标的确定要求，即"与评价对象密切相关，全面反映项目决策、项目和资金管理、产出和效益；优先选取最具代表性、最能直接反映产出和效益的核心指标，精简实用；指标内涵应当明确、具体、可衡量，数据及佐证资料应当可采集、可获得；同类项目绩效评价指标和标准应具有一致性，便于评价结果相互比较”。同时要求“评价指标的权重根据各项指标在评价体系中的重要程度确定，应当突出结果导向，原则上产出、效益指标权重不低于60%”。

政府购买公共文化服务的绩效评价，应当以政府向社会力量购买公共文化服务的指导性目录为基础，针对政府履职所需的公共文化服务所对应的具体购买服务项目，设置相应的绩效评价指标。对于基本公共文化服务类项目，可以侧重效益指标的设置，如公众满意度、社会公平等指标；对于技术相关的公共文化服务等类型的项目，可以侧重产出指标的设置，如购买服务的数量、质量、效率、成本等指标。绩效评价指标应尽量体现出政府购买服务的内容。政府购买公共文化服务绩效评价是一个复杂的系统工程，要综合科学地考量和设置各种指标，特别是个性指标，做到重点突出、关系明确。

在设置政府购买公共文化服务绩效评价指标时，应从以下四个维度来考量。

（1）投入——项目立项、资金落实。重点评价购买主体是否存在公共文化服务职责转嫁的现象，承接主体的确立是否经过公平、公正的市场竞争，是否严格遵守政府采购法等相关要求等；重点评价服务数量、质量等绩效指标是否明确，是否有助于实现整体预期产出和预期效果；重点评价购买主体的资金支付情况等。

（2）过程——业务管理、财务管理。重点评价购买主体在政府采购及政府购买公共文化服务方面的制度建设是否完善，承接主体的服务流程、人员安排是否合理；重点评价政府购买公共文化服务项目的合同是否规范、是否有效执行，购买主体对承接主体服务过程的监管力度和效果是否有保障；重点评价承接主体是否按要求向购买主体提供资金的使用情况、项目的执行情况、成果总结等材料等。

（3）产出——项目产出。重点评价政府购买公共文化服务项目的实际完成率、完成及时率、质量达标率、成本节约率等。

（4）效果——项目效益。重点评价政府购买公共文化服务项目的经济效益、社会效益、生态效益、可持续影响及社会公众或服务对象的满意度等。

（三）绩效评价的组织实施

党的十九大报告提出要全面实施绩效管理，之后中共中央、国务院进一步下发《关于全面实施预算绩效管理的意见》（中发〔2018〕34号），明确指出要积极开展涉及一般公共预算等财政资金的政府购买服务项目的绩效管理。政府购买公共文化服务属于预算绩效管理的范畴，一般而言，参照一般性财政支出项目绩效管理的方式方法进行绩效评价工作（章辉，2018）。《政府购买服务管理办法》（财政部令第102号）规定，“购买主体实施政府购买服务项目绩效管理，应当开展事前绩效评估，定期对所购服务实施情况开展绩效评价”，并且“购买主体及财政部门应当将绩效评价结果作为承接主体选择、预算安排和政策调整的重要依据”，因此政府购买公共文化服务绩效评价应当包括事前的绩效评价、服务实施过程中的绩效评价以及绩效评价结果的应用三个环节。对上述三个绩效评价环节进行有效的组织实施，对于全面、科学、客观地评价政府购买公共文化服务项目的绩效有重要意义。

1. 事前绩效评价

事前绩效评价应明确绩效评价目标。具体的评价内容包括两个方面：一是政府为什么要提供该项公共文化服务；二是政府提供该项公共文化服务为什么要采取购买模式。从流程上来说，就是花多少财政资金，购买多少公共文化服务，服务的价格和数量是多少，服务预期要达到的效果如何。在购买公共文化服务之前，政府应该进行需求调查、论证和评估，收集相应的需求信息，了解服务对象的真实需求，制定更清晰明确的政府购买公共文化服务指导目录，通过科学的决策过程，进行合理的预算编制，构建完备的评价指标体系，购买符合社会需求的公共文化服务，保证有限的财政资金的有效性，充分发挥资源的社会效益。

2. 绩效评价的过程监控

对政府购买公共文化服务的过程进行跟踪评估，包括实施进度、预算执行情况、资金使用情况、合同履约情况、主体履责情况、服务质量和公众满意度等。应通过随机抽查、定期检查、中期验收、结项验收等程序，采取自评与他评、主观评价与定量评价以及动态追踪与监控等方式开展绩效监控，及时发现存在的问题，及时反馈相关问题，根据反馈情况及时调整并解决问题，提升社会公众对公共文化服务的满意度，实现无内容死角、无程序死角的过程监督评估。

3. 绩效评价的结果应用

政府购买公共文化服务绩效评价的结果应向购买主体、承接主体和社会公众进行公开并加以应用。一是及时向购买主体（预算单位）反馈绩效评价结果，针对不足的方面提出改进要求，并将评价结果作为以后年度编制项目预算和安排财政资金的重要依据，以及选择承接主体的重要参考；二是及时向承接主体反馈绩效评价结果，并将结果作为以后年度调整服务质量的依据；三是及时将绩效评价结果向社会公众特别是服务对象公开，充分发挥舆论监督的作用，促使承接主体更加注重服务质量，督促购买主体更好地选择及监督管理承接主体。

四、加强政府购买公共文化服务绩效评价的对策建议

（一）不断提高对政府购买公共文化服务绩效评价的认识

在提供公共文化服务的过程中，政府在承担供给责任的同时，要深入推进自身文化职能的转变，正确处理政府与市场、社会的关系，充分发挥社会服务与市场竞争在公共文化服务供给中的作用。明确政府购买公共文化服务绩效评价与预算绩效管理、政府绩效管理的密切关系，明确开展政府购买公共文化服务绩效评价的根本目的，从而变被动接受绩效评价为主动开展绩效评价，主动利用绩效评价结果，提升绩效评价机制的执行力度，改善公共文化服务的提供水平。另外，进一步明确政府应承担的责任，即安排和监督公共文化服务生产的责任，在政府购买公共文化服务绩效评价中引入对政府绩效的评价，开展双向评价，使政府更好地承担起公共文化服务提供者的责任。

（二）拓展政府购买公共文化服务绩效评价参与的广度和深度

在开展政府购买公共文化服务绩效评价时，要充分考虑参与各方的意见，力求评价的全面客观。一是要持续加强政府购买公共文化服务信息公开机制建设。2017 年 10 月，财政部发布《关于政府购买服务信息平台运行管理有关问题的通知》（财综〔2017〕57 号），要求各省级政府购买服务管理部门建设当地“政府购买服务信息平台”，加强政府与社会、中央与地方和部门之间的信息沟通和工作交流，进一步提高公众参与度，以便评价主体通过平台了解更多的项目信息。二是要优化评价主体的结构。积极引入人大、政协、公众、协会商会等不同的主体，特别是要完善第三方评价机制。2018 年 8 月，我国财政部发布的《关于推进政府购买服务第三方绩效评价工作的指导意见》强调，要积极稳妥地推进政府购买服务第三方绩效评价工作。虽然中央和地方的规范性文件反复提及第三方评价机制，但由于缺乏配套的管理办法或实施条例，中央文件的响应度不高，相应的地方政策也存在不全面、不精细的问题。另外，应提升第三方机构的独立性，减少政府对第三方机构的潜在影响，充分发挥第三方机构的能动性，确保绩效评价的公平和有效。

（三）加强社会力量的专业能力和服务能力建设

文化社会力量是指政府公共文化服务组织以外按照市场化逻辑与社会化逻辑运行的承担公共文化服务职责的文化企业与从事公共文化活动的公益性文化社会团体（李山，2015）。随着政府购买公共文化服务的发展，文化社会力量与政府的合作关系日益紧密，其自身能力和专业水平关系到公共文化服务的提供质量。我国的文化社会力量在一定程度上存在规模较小、数量不足、结构不健全、从业人员素质不够高、整体运作不够规范等问题，特别是有些文化社会力量履约意识、专业能力较差且对政策法规的认识欠缺，服务意识滞后，从而影响了服务水平的提高和服务满意度的提升。绩效评价是一个多方参与的行为，文化社会力量作为重要的政府购买公共文化服务的承接主体，应加强自评、改进，使其专业能力和服务水平与绩效评价的工作要求相符合。

（四）推进对政府购买公共文化服务绩效评价结果的反馈和运用

虽然我国在制度规章层面多次强调绩效评价结果的应用，但实践中的情况却不尽如人意，评价结果没有统一的反馈形式与监督渠道，即使公开了绩效评价结果，对结果分析、应用及后续调整情况的公开也很少。绩效评价结果应与对承接主体的激励奖惩相挂钩，与项目资金的结算相结合，为承接主体改进服务质量提供目标和方向，并作为政府购买公共文化服务后续决策的重要依据，作为是否与承接主体再次合作的重要参考因素，从而充分发挥绩效评价的筛选功能和改进作用。

参考文献

[1] 魏中龙，王小艺，孙剑文，等.政府购买服务效率评价研究[J].广东商学院学报，2010，25（5）：21-25，33.

[2] 李山.政府购买：公共文化服务供给模式的现代转向[J].地

方财政研究，2015（4）：86-90.

［3］徐家良，许源．合法性理论下政府购买社会组织服务的绩效评估研究［J］．经济社会体制比较，2015（6）：187-195.

［4］叶托，胡税根．政府购买社会服务的绩效评估指标体系研究——基于德尔菲法和层次分析法的应用［J］．广东行政学院学报，2015（2）：5-13，45.

［5］黄元宰，梅华．无锡实施“政府购买公共服务”的改革实践与启示［J］．改革与开放，2008（2）：16-18.

［6］姜爱华，杨琼．政府购买公共服务“全过程”绩效评价探究［J］．中央财经大学学报，2020（3）：3-9.

［7］章辉．政府购买服务如何实施绩效管理［J］．中国政府采购，2018（10）：23-29.

第七章　地方政府公共文化财政支出绩效评价的实践

本章选取上海市、北京市、云南省等纳入“国家公共文化服务体系示范区”的典型地区作为案例研究对象，分析当地开展公共文化财政支出绩效评价的主要做法，总结实践经验和存在的发展困境，为进一步优化公共文化财政支出绩效评价提供借鉴和启示。

一、上海市公共文化财政支出绩效评价的探索

上海市自2004年开始，根据财政部与上海市的相关政策规定，在教育、科技、文化等领域以及浦东、嘉定、长宁等区进行了财政支出绩效评价的试点，积累了一定的改革经验，为公共文化财政支出绩效评价在大城市的推广提供了参考和借鉴。

（一）上海市财政支出绩效评价的探索

开展财政支出绩效评价试点，在实践的基础上优化绩效评价政策。根据财政部的相关政策，上海市出台了绩效评价的实施细则、第三方中介机构参与的管理办法、专家库建设制度、绩效评价结果公开管理办法等一系列具体政策，为财政支出绩效评价的实践提供了规范化的政策指导。2010年，上海市不断强化财政支出绩效评价，尤其是在涉及民生的支出项目领域进行绩效评价试点。2011年1

月，在前期试点的基础上，上海市根据中央层面的顶层设计制定发布《上海市财政支出绩效评价管理暂行办法》，标志着上海市财政支出绩效评价的正式启动，同时发布《上海市财政支出绩效评价聘用评审专家管理暂行办法》，对权威专家参与绩效评价提供政策指导。

全面推进预算绩效管理的实施。2013 年发布《上海市预算绩效管理实施办法》，推行全过程预算绩效管理，将绩效理念融入预算编制、执行、监督、反馈等多个环节。在新政策推行的过程中不可避免地会遇到一定的阻力，包括原有政策带来的发展惯性、执行惰性，以及新政策落实本身所需要的财力、物力、人力投入较多等。上海作为超大城市在精细化管理方面做了很多探索，在全面预算绩效管理方面也积累了很多经验。

推动第三方机构参与财政支出绩效评价。为了增强财政支出绩效评价的公信力，完善评价方式，进一步强化绩效评价的专业性，保证财政支出绩效评价报告的质量，2018 年 5 月，印发《上海市第三方机构财政支出绩效评价工作质量评估办法（试行）》，要求评价组织者依据评价机构提交的绩效评价报告及相关材料，对绩效评价报告质量及评价工作实施质量进行评估。第三方评价机构主要对报告结构的规范性和严谨性、项目实施情况、预算安排、绩效目标的设定、指标设置、评价依据、评价结论、调查问卷设置的针对性和合理性等方面实施评估，从而有利于形成预算绩效管理的长效机制，提高第三方评价机构参与上海市绩效管理的效率和效果。

财政支出绩效再评价的试点探索。为了将绩效理念切实融入预算管理，上海市对预算部门的自评价工作进行再评价试点。这里涉及自评价和再评价两种评价形式，其中再评价的重点是各个部门自评价的组织与实施、部门在评价过程中的操作是否规范以及评估报告的撰写质量，从而综合考虑绩效初评本身的效果。通过再评价的试点探索，上海市各个预算部门基本完成了预算绩效管理的要求，同时也发现了部分项目存在的一些问题。

继续加强预算绩效目标管理，不断提高预算管理的专业化水平。一是积极推进所有市级预算部门按要求在编报项目预算时同步编报绩效目标，实现部门预算中重点项目绩效目标编报全覆盖。二是选择市级预算单位开展整体支出绩效目标编制试点，进一步促进整体支出绩效目标与单位中期规划相衔接。三是加强对绩效目标编制质量的审核，将绩效目标作为项目评审和预算调整的重要参考。四是推进市级预算部门实施绩效目标公开，通过将部门项目的绩效目标信息公开，强化对预算绩效评价的监督。

（二）上海市公共文化财政支出绩效评价的实践

1. 公共文化配送服务项目的第三方绩效评价

公共文化配送服务是上海市提供的社区公共文化服务，由公共文化财政支出给予保障。

公共文化财政支出绩效评价是为了进一步改善财政资源的配置、提高公共文化服务的供给水平而实施的文化部门的支出管理。上海市通过公共文化财政支出绩效评价全面考察上海市公共文化配送服务项目资金使用的效率和效果，以及项目管理过程、社会效益和产出等。

在绩效评价的具体实施中，委托上海立丰税务师事务所有限公司作为评价主体，参照2014年出台的《上海市预算绩效管理实施办法》来设计公共文化配送服务项目财政支出绩效评价的共性指标框架，形成涵盖投入、过程、产出、效果等全过程的评价指标体系，如表7-1所示。具体的评价方法则是在上述指标设计的基础上采用社会调查法，将“定量的指标体系的打分评价”与“定性的调查信息的归纳和提炼”两种方式相结合，从而实现不同方法的优势互补，实现对具体项目的全面评价。

表7-1　上海市公共文化配送服务项目财政支出绩效评价指标体系

	一级指标	二级指标
财政支出绩效评价指标体系	项目决策	项目立项
		项目目标
	项目管理	投入管理
		财务管理
		项目实施
	项目绩效	项目产出
		项目效益

在上述评价指标体系的指导下，对公共文化配送服务项目实施绩效评价，2017年的测度结果为“良”。从项目绩效的具体指标维度来看，首先是项目产出，该项目基本完成了配送文艺演出2000场、文化讲座200场等年度目标，实际开展文艺演出2378场、文艺指导41872课时、文化讲座267场、艺术教育活动1009场，信息服务的服务人次达2237.58万人次，巡查监管2151场。其次是项目效益，建立了全市三级公共文化内容配送体系；推动了公共文化服务的均衡发展和社会化、专业化发展；增强了上海城市文化的多样性；人力资源管理建设及业务管理信息化系统建设健全有效；管理者满

意度达 98%，社会公众满意度为 84.1%。[①]

2. 公共文化财政支出绩效评价结果的应用：奖补机制

为了切实促进公共文化服务供给的优化，引导各区级政府加大对公共文化服务设施的投入，上海市市级政府对经主管部门验收通过的社区文化活动中心以及东方社区信息苑设备更新等项目，根据项目投入总额按一定分摊比例给予区级政府补助，并采用任务清单制，引导各区级政府优先供给关系民生的基本公共文化服务项目。

上海市探索建立了基本公共文化服务绩效评价体系，每年开展绩效评价，并充分利用绩效评价的结果，将绩效评价结果作为分配中央奖励资金的主要依据，促进绩效评价价值的发挥，引导各区提升公共文化服务的供给水平。辖区内公共文化服务供给的优化离不开各区政府及所属相关主管部门的重视和努力，而通过财政支出绩效评价工作来反映、发现和改善公共文化服务供给中存在的问题，将绩效评价结果作为奖补机制的重要基础，可以调动文化部门的积极性，进而优化供给质量。

二、北京市公共文化财政支出绩效评价的探索

（一）北京市财政支出绩效评价的探索

北京市开展了预算绩效管理的探索。2003 年，北京市以市级事业单位财政支出项目为切入点开展绩效评估。2006 年，北京市财政局组建绩效评价处和绩效考评中心，为绩效评价的具体实施提供组织与人员保障。2011 年，北京市出台预算绩效管理办法及相应的管理问责办

① 资料来源：上海市财政局网站。

法。2012 年，北京市进行相应的试点，将绩效与预算管理相融合，使得预算管理的各个环节都体现绩效理念。虽然有关绩效管理的政策已显雏形，但是在实际操作层面尚缺少有针对性的规范化指导。2013 年出台了《参与北京市市级预算绩效管理工作社会中介机构考核办法》，以约束中介机构在预算管理过程中的行为。2016 年出台了《北京市市级部门预算管理综合考核办法》，市级部门预算管理由财政局组织实施，覆盖了预算管理的各个环节。在以往政策实践的基础上，2017 年北京市发布了《进一步深化项目支出绩效预算管理改革的意见》。

表 7–2 汇总了北京市与财政支出绩效评价相关的政策文件，基本上是北京市财政局出台的政策方案或者实施细则。

表 7–2　北京市与财政支出绩效评价相关的政策文件

发布年份	政策文件名称
2011	《北京市预算绩效管理办法（试行）》
2011	《北京市预算绩效管理问责办法（试行）》
2012	《北京市市级预算绩效管理试点工作总体方案》
2013	《北京市财政支出绩效评价实施细则》
2013	《北京市市级预算部门组织财政项目支出绩效评价规范》
2013	《参与北京市市级预算绩效管理工作社会中介机构考核办法》
2013	《北京市市级财政支出绩效跟踪管理办法》
2014	《北京市市级项目支出事前绩效评估管理实施细则》
2014	《北京市市级财政支出绩效再评价工作规范》
2015	《关于推进市级政府购买服务项目绩效评价管理工作的通知》
2016	《北京市市级部门预算管理综合考核办法》
2017	《进一步深化项目支出绩效预算管理改革的意见》
2017	《北京市市级财政支出绩效评价结果应用暂行办法》
2019	《北京市预算绩效管理办法》
2021	《北京市市级财政支出事前绩效评估管理办法》

北京市财政支出绩效评价包括财政部门直接评价、预算单位自评价、事前评价、再评价以及绩效跟踪等多种形式。2013年,《北京市财政支出绩效评价实施细则》发布,指出绩效评价是预算绩效管理的重要组成部分,应根据设定的绩效目标对产出与效果进行评价。随着预算绩效管理改革的逐步深入,对支出政策的绩效评价不断得到推进。

北京市不断完善用于政策评估的绩效指标体系,构造了“五性维度”的政策绩效评估框架,包括政策相关性、效率性、效益性、公平性以及效果可持续性五个维度,覆盖政策决策与执行的全过程。上述体系中比较有创新价值的指标维度是政策公平性,该维度测度特定政策是否实现了资源配置合理、利益协调均衡等目标,既考虑到政策资金分配的公平性,又考虑到政策效益的普惠性,可以实现对政策支出公平与受益公平的全面评价,避免对项目单一层面进行评估的局限性。但需要注意的是,对公平性的评价涉及公平的内涵界定与主观评判,不可避免地受到不同主体价值判断的影响,导致评价结果呈现一定的主观性特征,所以在未来的改革探索中需要避免主观因素对绩效评价的干扰。

探索权威专家在绩效评价中的定位。在部分地区的实践探索中存在对权威专家的角色定位不清的问题,导致出现了专家走过场或者过度依赖专家这两种极端现象。由于参与绩效评价的专家研究的方向和领域存在差异,评价过程中不可避免地存在主观性,对于同一项目,不同专家的评价结果并不能做绝对的横向比较。为此,北京市在这方面做了试点探索,尝试解决专家在绩效评价中的定位问题。在实施中，政府部门、第三方机构以及专家等多个主体参与绩效评价的全过程，在充分论证的基础上设计预算支出绩效评价体系。

在财政支出绩效评价的信息公开方面，北京市 2018 年 8 月才首次公开了财政支出绩效评价报告，涉及四个重点民生领域。由此可见，北京市在信息公开方面的发展步伐相对缓慢，未来的治理改革中应加强财政支出绩效评价信息的及时、有效公开，增强财政的透明度。

（二）北京市公共文化财政支出绩效评价的实践

在公共文化财政支出领域，北京市开展了全面预算管理的探索。例如，2018 年底开展了北京旅游商品扶持资金项目支出的预算绩效考评，项目的完成与执行情况良好，服务对象的满意度达 90% 以上。北京市公共文化财政支出绩效评价的实践包括以下内容。

一是以绩效目标为导向，关注重点领域的关键项目。为了顺利推进公共文化服务领域的绩效评价，对绩效评价完成度较好的项目（如目标明晰、预期产出与效果显著的项目）予以优先保障。在项目支出绩效目标的申报中，具体的指标体系设置如表 7-3 所示，即围绕产出和效果两个维度来进行具体设置，实际操作中会依据不同的项目设置三级指标以及量化和非量化的指标值。2019 年，北京市文化和旅游局填报绩效目标的预算项目有 173 个，占全部预算项目（490 个）的 35.31%；填报绩效目标的项目支出预算为 83008.49 万元，占全部项目支出预算的 55.27%。

表 7-3　北京市公共文化项目支出绩效目标的指标体系

<table>
<tr><th></th><th>一级指标</th><th>二级指标</th></tr>
<tr><td rowspan="6">绩效指标</td><td rowspan="4">产出指标</td><td>数量指标</td></tr>
<tr><td>质量指标</td></tr>
<tr><td>进度指标</td></tr>
<tr><td>成本指标</td></tr>
<tr><td rowspan="2">效果指标</td><td>效益指标</td></tr>
<tr><td>服务对象满意度指标</td></tr>
</table>

二是建立健全绩效监督与跟踪机制。根据半年、三季度、全年这三个节点实施定期绩效跟踪，考察的重点是预算的落实、绩效目标的设置以及项目预算的调整，并对监督过程中发现的问题及时纠偏。构建内部的监督管理信息平台，从而确保对预算支出的使用全过程进行跟踪与监控，确保财政资金按照既定的预算安排使用。这样可以将预算监督的重点前移，侧重于事前与事中，从而起到预防风险的作用，强化预算管理的主动性，保障预算计划的有效落实。还可以根据事前事中评价的结果，以支出进度排名考核、约谈以及项目预算金额的调整等方式来激励下属部门增强预算执行的有效性，积极消化存量资金。

三是鼓励第三方机构参与绩效评价。北京市将政府购买公共文化服务纳入预决算管理，根据对项目的事中事后评估来进行预算的调整安排，增强项目执行的可行性，提高项目支出的使用效率。北京市鼓励第三方机构参与到绩效评价过程中，对 50 万元以上的政府购买公共文化服务项目和对外文化交流项目进行结算评审，依据评估结果来决定是否向承接单位支付尾款，并借助第三方专业机构的力量实施全过程的绩效跟踪。

四是开展绩效自评及结果应用。北京市文物局组织开展了绩效自评工作，涉及本部门以及所属单位，具体情况是：组建绩效评价工作组，负责绩效自评的组织统筹，并选取 80 个重点项目进行绩效评价，其中普通程序评价项目 3 个，简易程序评价项目 77 个，占部门项目总数的 30% 以上。从评价结果来看，80 个项目的平均得分为 86.80 分，综合评定结果为“良好”。针对如何解决绩效自评中发现的问题，北京市开展了专题培训，丰富了工作人员的绩效管理知识，增强了预算绩效管理意识，从而在落实预算支出绩效评价的过程中优化了绩效目标填报，最终提高了文化部门的预算绩效管理水平。

三、云南省公共文化财政支出绩效评价的探索

云南省在 2005 年开始了对政府财政支出绩效评价的探索，首先对微观项目开展绩效评价，之后向更大的范围推广，而后延伸到对部门层面的公共支出进行绩效评价，实现绩效评价从项目层次到部门层次的扩展，在全面绩效管理方面呈现雏形。

（一）云南省财政支出绩效评价的探索

2005—2009 年是云南省财政支出绩效评价的起步阶段，主要对省以下各级行政层次的支出进行绩效评价。2005 年，云南省在全国率先成立专门的绩效评价机构，负责统筹云南省的财政支出绩效评价工作。2006 年，发布《云南省省级财政支出绩效评价暂行办法》，随后在实践的过程中根据需要陆续出台了相关的规章制度和政策条例，

对所辖各个市、区（县）、乡镇政府的绩效评价实践提供政策指导。

从2010年起，云南省进入全面预算绩效管理阶段。2010年，云南省财政厅的绩效评价处更名为绩效管理处，名称上的改变直接反映了云南省以支出绩效评价为基础，结合预算管理实施全过程绩效管理的尝试，内涵和外延得到进一步丰富和拓展。在对项目支出进行绩效评价的同时，为了推进预算绩效管理，各单位尝试整合预算的编制、执行、评价、反馈、应用等环节，构建一个全流程的闭环系统。该时期与之前起步阶段绩效评价的差异之处在于，在全面预算绩效管理阶段，地方政府试图将绩效评价工作与预算管理相结合，以项目实施前绩效目标的设定为导向，将绩效管理的工作进行前置，克服单纯事后绩效评价存在的局限性。2012年，出台《云南省人民政府办公厅关于全面推进财政支出预算绩效管理的实施意见》，目前云南省16个州（市）均设立了专门的绩效评价部门，部分区（县）虽未设立专门的部门，但也指派了相关人员负责绩效评价工作，这为云南省预算支出绩效评价的顺利开展提供了组织和人员保障。

2016年，云南省发布《云南省省级部门财政支出绩效自评暂行办法》，该办法指出，绩效自评主要是考察绩效目标的设置、资金的使用、项目实施过程以及产出绩效等维度，从而明确自身在项目开展过程中对财政资金的使用是否能够实现既定的目标，目的在于不断优化现有的管理制度，促进绩效评价价值的发挥。

2018年12月，在总结以往试点经验以及借鉴相关研究成果的基础上，云南省在全国率先制定了《关于推进政府购买服务第三方绩效评价工作的实施意见》，要求对政府购买服务这种治理主体多元化的供给模式实施第三方绩效评价，从而不断增强绩效评价过程的科学化程度。

（二）云南省公共文化财政支出绩效评价的实践

2005 年以来，云南省在财政支出绩效评价领域进行了有益的探索，当前云南省财政支出绩效评价的对象主要是微观层面各部门或者单位的项目支出，财政支出绩效评价体系本身也基本是根据项目支出层面的要求构建的。在公共文化财政支出领域，云南省通过开展部门支出绩效评价，从整体上提升预算绩效管理水平，保障各部门更好地履行自身职责。云南省公共文化财政支出绩效评价的实践具体包括以下内容。

第一，开展文化部门绩效自评。2018 年 9 月，云南省文化厅公布了 2017 年部门整体支出的绩效自评情况。文化部门绩效指标体系包括三级指标：一级指标涵盖投入、过程、产出以及效果；二级指标包括目标设定、预算配置、预算执行、预算管理、资产管理、职责履行、产出效益、可持续发展和民众满意度；三级指标是在上述框架的基础上细化得出。通过开展绩效自评，文化部门从具体项目支出、过程控制、产出情况、项目效益和社会公众满意度等维度找到了实践中存在的问题。

第二，开展文化服务专项资金的绩效再评价。以文化文物事业发展专项资金为例，2019 年 1 月，云南省文化厅公布了 2017 年文化文物事业发展专项资金的绩效再评价报告。再评价与前期评价在具体指标的设置上存在差异，其中前期绩效评价一级指标包括投入、过程、产出和效果，而绩效再评价一级指标包括产出和效益，对应的二级指标为数量、质量、效益和满意度。通过上述前期绩效评价与绩效再评价的指标设置对比可以发现，公共文化服务的效益不会立即显现，需要经过一段时间才能产生，所以绩效再评价的重点是产出和效益。2017 年文化文物事业发展专项资金绩效再评价的等级为“中”，在评价中发现云南省各州（市）未针对本地文化文物事业发展的实际情况制定专项资金分配方案，导致专项资金重复分配到同一个地区，资金分配无依据，资金使用率较低，部分项目甚至超范围使用专项资金。

另外，云南省在具体实践的过程中还做了以下探索：一是将专业的第三方评价组织引入绩效评价主体中，对资金规模大、直接关系民生的重大项目开展多主体参与的绩效评价，从而不断增强绩效评价的科学性与民主性，为提升公共文化财政支出效率提供决策参考；二是采取多样化方式综合运用绩效评价的结果，切实落实绩效评价的整改意见，不断提升公共文化财政支出的绩效管理水平，优化预算编制的质量，并引导文化项目支出实现既定的政策目标，提高公共文化服务的供给水平。

四、实践经验与发展困境

（一）实践经验

基于对上海市、北京市和云南省公共文化财政支出绩效评价实践的分析，本研究总结了地方政府在公共文化财政支出绩效评价方面的实践经验。

1. 将公共文化财政支出绩效评价纳入全面预算绩效管理的范畴

一方面，构建公共文化绩效预算模式，将绩效预算作为财政支出绩效管理的基本手段。根据中央政府关于绩效预算的顶层设计来构建公共文化财政支出绩效评价体系，具体涉及绩效目标管理、绩效跟踪、绩效评价实施管理等内容。根据财政支出绩效评价管理的相关政策文本，细化公共文化财政支出绩效评价的对象、绩效目标、评价指标、评价方法、评价流程、评价结果与应用等内容。

另一方面，在评价结果运用上，通过出台相关激励或者惩罚政策来强化评价结果的运用，从而逐步提升财政支出的效率与效果。评价结果的运用效果如何，关系到绩效评价的存在价值以及闭环系统是否能够良性运行。另外，以相应的公共文化绩效审计制度作为保障，对公共文化财政支出是否合规进行审计监督。

2. 在公共文化财政支出绩效评价指标的构造上体现多层次、全过程特点

一方面，从纵向上看，地方政府出台了一系列相关的政策，遍及省、市、区以及各个部门等多个层次，涵盖部门整体支出和具体项目支出的绩效评价，但由于不同层次公共文化财政支出的既定政策目标和预期政策效果并不一致，因此需要分门别类地设计指标体系。

另一方面，从横向上看，在现有的实践探索中，很多地方政府构建了全过程的绩效评价体系，具体到公共文化财政支出绩效指标的设计上，一般均会在囊括投入、过程、产出、效果等方面的基础

上进一步细化为二级和三级指标，从而能够更为清晰地体现项目实施的内容及规模，便于考核政府文化主管部门的履职情况，促进建立以绩效目标为导向的资金分配机制。

3. 促进社会力量参与公共文化财政支出绩效评价

各地政府往往会促进第三方评估机构参与公共文化财政支出绩效评价，借助政府外部主体的力量来保障绩效评价的客观性与专业性，同时通过政府购买服务来提高公共文化财政支出绩效评价工作本身的效率和效果，扩大绩效评价的外延与范围。

需要注意的是，本研究虽然总结了上海市、北京市以及云南省的实践经验，但上述经验的可推广性如何还需要进一步分析。各地应明确当地公共文化服务的发展进度，构建符合当地发展情况的公共文化财政支出绩效评价体系。

（二）发展困境

从上海市、北京市和云南省三地的实践来看，地方政府在公共文化财政支出绩效评价的推进中还面临一些困境。

1. 指标设计上存在重硬件轻软件、重客观轻主观以及重经济效益轻社会效益等倾向

一方面，受数据搜集等客观因素的影响，现有评价基于各地的公共文化服务实践，对公共文化服务基础设施等硬件指标、易衡量的客观性指标和经济性指标分析得较多，对服务内容和水平等软件指标、满意度等主观性指标、公益性社会价值指标的分析还不足，导致公共文化服务的供给情况无法得到客观、有效、全面的评估。

另一方面，公共文化财政支出的绩效目标尚待进一步细化。财政支出的绩效是根据既定的目标来进行评价的，每一个具体项目的目标需要细化并分解在具体的实施环节中，但是在当前的实践探索中存在绩效评价粗放式执行的迹象。另外，政府、部门和项目不同层次间的目标如何衔接也存在问题，尤其是在区县以及乡镇等基层政府层面，项目目标未细化分解为明确具体的绩效指标。由于各个区县、乡镇的经济社会条件以及发展水平并不均衡，目标未细化将不利于通过清晰、可衡量的指标值体现各个地区或者部门的工作成效。上述评价指标的不完善将无法保证公共文化财政支出绩效的客观、有效评估。

2. 第三方评价的作用尚未充分发挥

当前，我国公共文化财政支出的绩效评价是政府主导型模式，通常是自上而下进行绩效评价，而民众、企业或者社会组织等治理主体的需求与意见的表达不够充分，民众的积极作用尚未得到充分发挥。社会公众、专家学者等在公共文化财政支出绩效评价中的作用发挥不充分，在参与过程中存在形式化等弊端，不利于提高绩效评价的科学性、民主性，容易导致财政支出无法体现民众的需求和偏好，陷入追求政府自身偏好满足的漩涡。第三方机构以及专家学者在公共文化财政支出绩效评价中的角色呈现两极分化的现象，“专家说了算”和“专家走过场”均不能正确把握专家在绩效评价过程中的角色定位，由此影响第三方机构在公共文化财政支出绩效评价中的客观性和专业性。

3. 政府不同部门间的协同有待加强

目前政府系统内部各主体间的沟通协调不够充分，例如，在预算支出绩效评价指标的设计过程中，一般是中央和地方的财政部门作为主导，但是财政部门对于文化部门的业务缺乏深入了解，而文化部门在支出绩效评价过程中的角色有待进一步转变，其尚未充分发挥自身在业务领域的经验优势。另外，在评价过程中多重视相关资料的搜集，缺乏深入的分析与总结，在评价报告内容的表述上比较笼统，不够细致。

4. 公共文化财政支出绩效评价结果的运用有待进一步加强

一方面，在评价公共文化服务供给的效率和效果时，由于存在不易量化以及主观性强等局限性，导致公共文化财政支出绩效评价的结果不够准确。另一方面，由于参与绩效评价的相关主体缺乏足够的专业知识和技能，绩效评价机制的设计不完善，以及部门内部存在利益阻滞，因此影响了公共文化财政支出绩效评价结果的质量。

虽然当前部分地方政府在有关公共文化财政支出绩效评价的政策文件中强调评价结果的运用，但其在实践过程中尚未得到足够的重视。一方面，文化部门注重财政支出的前期预算，对于后期的问题反馈与调整不够重视，而且自评价工作存在形式化、分析深度不足的迹象，绩效评价结果的信息公开力度不足，透明度不高，影响民众和其他利益相关主体的有效监督。另一方面，在绩效评价结果的运用上走过场，缺乏切实的奖惩机制，以至于部分地区在评价中连续出现同样的问题，这说明地方政府对考评结果的重视度不足，导致无法形成一个财政支出绩效评价的良性闭环系统，这也反映了绩效评价结果对预算调整分配方向的激励作用不足。另外，如何在公共文化财政支出绩效评价结果的运用与调动文化部门人员的积极性上取得平衡，也是一个现实难题。

第八章 研究结论与政策建议

一、研究发现

（一）实证发现

1. 公共文化财政支出的主要特征

近年来，我国公共文化建设取得了长足进步，公共文化财政投入的规模快速增长，占财政支出的比重有所回升，财政投入结构不断优化，为现代公共文化服务体系的建设提供了有力支撑。

一是投入总量持续较快增长。改革开放以来，我国公共文化财政投入规模持续较快增长，“六五”以来的各个五年规划期，文化事业费均保持两位数的年均增长速度。其中，“十一五”时期全国文化事业费年均增速达19.3%，是增长最快的一个时期。“十二五”以来，随着财政收入增速的放缓，文化事业费的增速有所回落，但仍保持相对较高的增长速度。“十三五”前四年，全国文化事业费达3620亿元，是“六五”时期总量的10倍（见图8–1）。

二是占比下降的趋势初步扭转。从公共文化财政支出占财政支出的比重来看，近年来，随着公共财政在文化建设上的投入持续增加，公共文化财政支出增速长期滞后于财政支出增速的局面初步扭转，文化投入占比下降的态势得到遏制（见图8–2）。2019年，文化

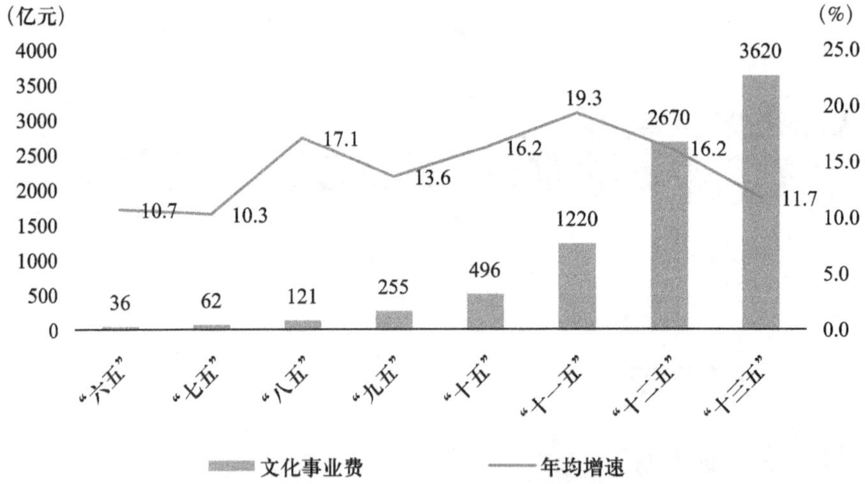

图 8-1　改革开放以来全国文化事业费增长情况

资料来源：《中国文化和旅游统计年鉴》《文化和旅游发展统计公报》。

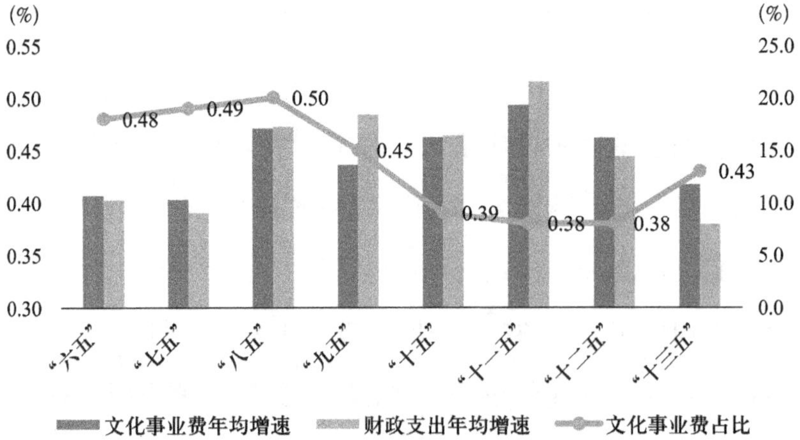

图 8-2　文化事业费占财政支出比重变动情况

资料来源：《中国文化和旅游统计年鉴》《文化和旅游发展统计公报》。

事业费占财政支出的比重达 0.45%，比“十二五”初期回升了近 0.1 个百分点；文化旅游体育与传媒支出占财政支出的比重达 1.71%，比上年增加了 0.11 个百分点。

三是财政投入结构不断优化。分行业来看，财政投入向群众文化机构持续倾斜，艺术表演团体、公共图书馆和群众文化机构等不同行业财政拨款占文化事业费的比例由21世纪初期的30%、20%、20%左右调整为近年来的17%、20%、30%左右，组织群众文艺活动次数翻了两番。分地区来看，对农村地区文化建设的倾斜力度不断加大，投入重点由城市转向农村。尤其是“十二五”时期，城乡文化建设投入差距显著缩小。进入“十三五”，文化事业费中农村地区占比首次超过城市地区。2019年，农村文化事业费占全部文化事业费的比重达51.5%，高于城市地区2.9个百分点（见图8-3）。

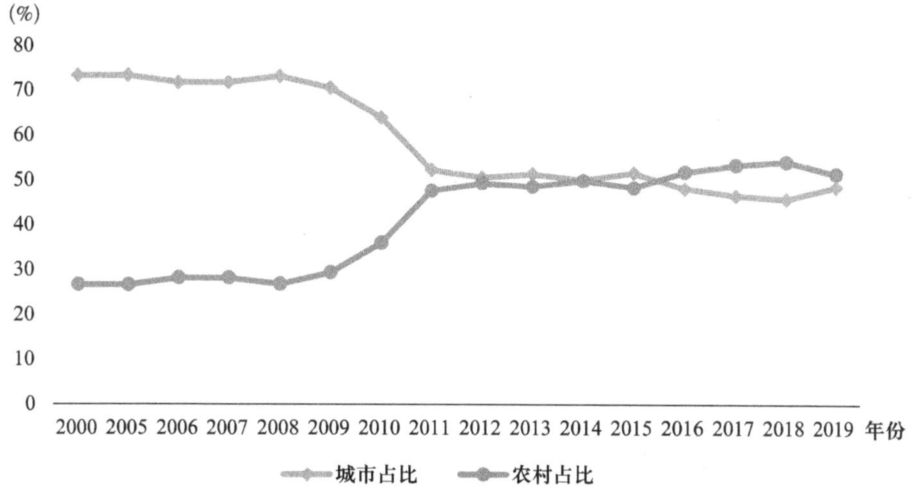

图8-3　文化事业费占比城乡变动情况

资料来源：《中国文化和旅游统计年鉴》《文化和旅游发展统计公报》。

注：农村文化事业费以县及县以下文化事业费来表示。

2. 公共文化财政支出绩效评价结果

（1）效率的阶段分化显著：“养机构、养人”不如“养服务、养事”。基于省级数据的两阶段数据包络分析结果显示，总体来看，我国公共文化财政支出绩效还存在较大的提升空间，与机构建设阶段相比，公共文化财政支出在服务送达阶段具有更为明显的效率优势。也就是说，相比“养机构、养人”，财政资金在“养服务、养事”方面的投入产出更为有效。整体来看，“十二五”以来，公共文化财政资金的使用效率持续改善，但在“政府管机构、政府办机构”的传统模式下，公共文化服务机构建设阶段的相对效率呈下降趋势，两阶段的效率差距有所扩大（见图 8–4）。

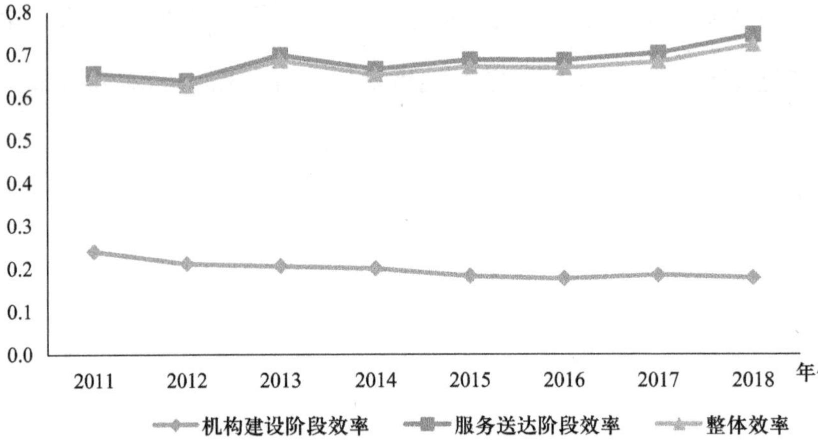

图 8–4　公共文化财政支出分阶段相对效率均值

资料来源：作者测算。

（2）区域绩效差异明显：绩效薄弱地区的资金使用效率尚未与投入同步提升。近年来，公共文化财政投入向中西部地区倾斜，但从公共文化财政资金的综合使用效率来看，东部地区普遍高于中部和西部地区（见图 8–5）。2019 年，全国文化事业费中西部地区占比与“十一五”初期相比提高了 7 个百分点，但与东部地区财政支出绩效的差距并未显著缩小。近年来，上海、江苏、广东等地公共文化财政支出在服务送达阶段多数年份的效率得分为 1，基本实现服务送达阶段公共文化服务的有效供给，综合效率得分均在 0.9 以上，整体上接近投入产出的综合有效。在资金使用上，中西部地区更加注重公共文化服务设施建设，在公共文化服务机构建设阶段的相对效率均值超过了东部地区；东部地区则更加注重公共文化服务管理和资源利用，在服务送达阶段的相对效率均值明显高于中西部地区。

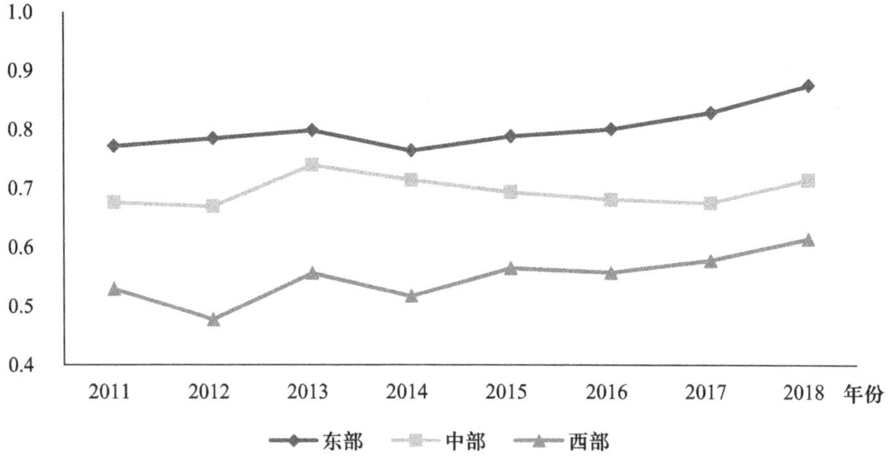

图 8-5　不同区域公共文化财政支出相对效率均值

资料来源：作者测算。

（3）基层供给能力不足：重硬轻软，公共文化服务供需存在结构失衡。首先，财政事权和支出责任划分不清晰。县级及以下尤其是乡镇政府是公共文化服务的直接提供主体，但省以下公共文化领域财政事权和支出责任尚未明确划分，存在“上面千条线，下面一根针”“上面点菜，下面买单”的现象，基层政府权责不匹配，从而制约了公共文化服务的有效供给。其次，重一次性投入，轻可持续运营。随着公共文化财政投入规模和力度的持续加大，公共文化服务机构和设施等硬件建设的财力保障不断增强，但基层文化服务场所重硬轻软、“有钱建设，无力维护运营”等情况仍然存在，一些基层文化站建设完成后，开展活动的频率不高，配备设备的利用率较低，造成资源的闲置和浪费。最后，服务供给与群众需求存在错配。在服务内容上，一些基层文化设施所提供的服务不能满足群众的需求，如部分农家（社区）书屋所提供图书杂志的适用性不高，对群众的吸引性不强。在服务时间上，文化馆、社区文化活动中心等文化设施的开放时间往往是工作时间，难以有效满足群众闲暇时间的公共文化服务需求。

（二）实践发现

1. 经验与启示

上海、北京、云南、无锡等纳入“国家公共文化服务体系示范区”的地方在公共文化财政支出绩效评价方面的实践探索和典型做法，为优化公共文化财政支出绩效评价提供了有益启示。

一是将公共文化财政支出绩效评价纳入全面预算绩效管理的范畴。地方政府结合中央政府关于绩效预算的顶层设计，构建了涉及绩效目标管理、绩效跟踪、绩效评价实施管理等内容的公共文化财政支出绩效评价体系，并细化绩效评价的对象、目标、指标、方法、流程与结果应用。实施了相关激励或者惩罚政策，以期加强公共文化财政支出绩效评价结果的运用。

二是构建涵盖全过程的公共文化财政支出绩效评价指标体系。在当前的实践探索中，地方政府大多构建了囊括投入、过程、产出、效果等全过程的绩效评价指标体系，并在此基础上进一步细化为二级和三级指标，从而有利于建立以绩效目标为导向的资金分配机制。

三是积极促进社会力量参与公共文化财政支出绩效评价。在实践中，一方面，各地政府往往通过政府购买服务来提高公共文化财政支出绩效评价工作本身的效率和效果；另一方面，积极推进第三方评估机构参与公共文化财政支出绩效评价，借助社会力量来增强绩效评价的客观性与专业性。

2. 面临的挑战

在中央政府顶层设计的指导下，当前各个行政层级的地方政府均结合本地实际情况出台了相关的财政支出绩效评价政策，但是由于各个地方的资源禀赋、经济社会发展情况迥异，当前尚未形成规范统一的公共文化财政支出绩效评价体系，而制度环境的不完善容易产生新的政策问题，导致技术手段依赖下的形式化。而且现有的公共文化财政支出绩效评价体系对财政部门、文化部门以及相关审计单位的职责尚未进行清晰的定位，评估主体对应的评估机制之间缺乏有效的衔接，容易造成公共文化财政支出绩效评价系统的紊乱。当不同主体与领域的政策存在冲突时，会削弱绩效评价的效果，影响绩效评价价值的发挥，导致产生新的政策问题。具体来看，实践中，首先，受数据搜集等客观因素以及目标管理不足等的影响，在公共文化财政支出绩效评价指标的设计上存在重硬件轻软件、重客观轻主观以及重经济效益轻社会效益等倾向；其次，社会公众、专家学者等在公共文化财政支出绩效评价中的作用发挥不充分；再次，政府不同部门间的协同有待加强；最后，公共文化财政支出绩效评价结果的运用尚未得到足够的重视。

二、政策建议

（一）提高公共文化财政资金使用效益的对策建议

进一步提高公共文化财政资金的使用效益，既要加快推动政府职能转变，也要以需求为导向推进供需精准对接，还要发挥信息技术的积极作用，推进公共文化服务提质增效。

1. 以“养服务”创新优化投入方式

一是在公共文化服务领域财政资金的使用方式上，加快由“养机构、养人”向“养服务、养事”转变。与公共文化服务机构建设阶段相比，服务送达阶段财政资源的配置能力和使用效率具有更高的水平，政府直接“养服务”比“养机构”更有利于促进财政资金使用效益的提升。应进一步推进公共文化服务供给方式创新，加大政府购买公共文化服务力度，优化财政资金的投入方式。

二是宣传推广先进地区的有益经验做法，发挥示范带动作用。梳理典型地区在公共文化财政支出绩效管理尤其是在公共文化服务管理、资源利用、体制机制创新等方面的先进做法，形成可复制、可推广的经验。加大宣传和推广力度，发挥先进地区的示范带动作用，提升公共文化财政资金的科学化和精细化管理水平，缩小地区间公共文化财政资金使用绩效的差距。

2. 以“双基”为重点完善投入机制

一是增强基层、基本公共文化服务供给的财力保障。以基层、基本公共文化服务为重点，在公共文化财政资金的投入上予以优先保障。推进公共文化领域省以下事权和支出责任划分，适度加强省级、市级政府在区域基本公共文化服务均等化等方面的事权，合理确定各级政府的支出责任，增强基层服务供给能力。

二是推动优质服务资源下沉，提高基层公共文化服务的可持续性。加快城乡优质公共文化服务资源共建共享，打破地域、行业、部门壁垒，促进各类公共文化服务资源整合利用，提升基层公共文化场馆设施的运营管理水平。

三是健全公共文化服务需求表达和反馈机制，促进服务供需匹配。定期开展公共文化服务需求分析，及时掌握不同群体的诉求，根据老年人、未成年人、留守人口、流动人口、残疾人等特殊群体和弱势群体的需求，提供有针对性的公共文化服务。主动对接群众文化需求，加快由“政府送菜”向“群众点菜”转变，提高公共文化服务建设中的公众参与程度，提升公共文化服务供给的精准度。

3. 以信息技术助力提升投入效益

充分发挥科技创新在提升公共文化财政资金使用效益中的作用。提高公共文化服务的信息化和智能化水平，实现线上与线下互动，推动互联网、大数据、人工智能等现代信息技术在公共文化服务领域的运用。通过远程服务等方式提高农村和偏远地区公共文化服务的可及性和服务质量。

（二）优化公共文化财政支出绩效评价的对策建议

1. 完善公共文化财政支出绩效评价的顶层设计

（1）进一步优化公共文化财政支出绩效评价的内涵。一方面，在新时代背景下，社会主要矛盾发生了变化，公共文化服务作为基本公共服务的重要组成部分，其供给是否充分与均衡应是公共文化财政支出绩效评价的重点。由于公共文化财政支出绩效评价所面临的制度环境与现实情境均发生了变化，因此除了经济、效率、效果、公平等传统的绩效评价指标之外，还应增加公众参与、公开透明、回应等新的时代内涵，以增强公共文化财政支出绩效评价的民主性和科学性。

另一方面，随着公共文化服务供给模式的多元化发展，除了对公共文化直接财政投入进行绩效评价之外，还需要对政府购买、政府和社会资本合作等新的供给模式进行绩效评价①，从而确保公共文化领域每一笔财政资金的绩效均得到评价，促进公共文化领域服务供给的标准化。

另外，应将公共文化财政支出绩效评价纳入对文化部门绩效考核的范畴，在新预算法强调绩效理念的背景下，从制度层面明确财政支出绩效评价在绩效管理中的角色与定位，将二者衔接起来。同时在地方政府改革的背景下，文化部门绩效考核的内容应包括财政支出的绩效评价信息，从而促进公共文化财政支出绩效评价结果的顺利应用，提高公共文化财政资源的统筹管理水平，保障公共文化服务的充分均衡发展。

（2）厘清公共文化服务领域政府间的财政事权与支出责任。在中央顶层设计的指导下，地方政府应结合当地公共文化服务供给情况来完善公共文化财政支出绩效评价的政策体系。首先，在实现中央与地方公共文化服务财政事权与支出责任相适应的基础上，探索

① 北京市等地方政府在推进政府购买服务等创新模式绩效评价管理方面进行了有益探索。

厘清省以下即市、区县的公共文化支出责任。其次，明确预算部门和文化部门在文化支出预算管理过程中所扮演的角色与承担的责任，预算部门要在项目预算编制中承担主体责任，而文化部门则负责宏观层面的管理以及制度的设计等任务。最后，由于公共文化服务具有正外部性，在空间层面表现为受益外溢，为了防止出现“搭便车”等消极效应，应探索建立地区间公共文化服务的合作供给机制，以实现地区间公共文化利益的补偿与协调。

（3）完善公共文化财政支出绩效评价的保障体系。在组织保障方面，为了确保公共文化财政支出绩效评价的有效实施，需要建立专业化的财政支出绩效评价机构，负责在政策规范的指导下，按照完善的绩效评价流程进行有效落实。在人员保障方面，一方面应通过培训确保参与绩效评价的人员有能力去具体操作，另一方面需要财政部门与文化部门的人员共同参与。在信息保障方面，应充分发挥互联网等信息通信技术的作用，增加公共文化财政支出绩效信息的分析深度。

2. 基于整体性治理的视角完善公共文化财政支出绩效评价体系

加强全面预算绩效管理制度的落实，将全过程、多层级、多层次等理念融入公共文化财政支出绩效评价指标的设计当中，围绕公共文化服务的绩效目标进行重点评估，关注结果导向，建立健全多层级、全流程、多层次的公共文化财政支出绩效评价体系。

一是建立健全多层级的公共文化财政支出绩效评价体系。在中央、省、市、区县以及乡镇五个行政层级建立统一的公共文化财政支出绩效评价框架，并纳入全面预算绩效管理体系。尤其在基层政府层面，在推动公共文化服务财政事权与支出责任相适应的基础上，加强基层政府公共文化财政支出绩效评价的落实，这有助于加强对绩效评价本身的考核与监督，并且有利于为全国公共文化财政支出绩效数据库的建立提供数据标准。

二是建立健全全流程的公共文化财政支出绩效评价体系。应兼顾公共文化财政支出绩效评价的“全面性”与“时效性”。公共文化服务有时需要经过一段时间才能产生可量化的效果，有时会作用于其他领域而产生积极的正外部性，这也是绩效评价需要考量的重要内容。因此，需要考虑公共文化财政支出政策本身的特点，将事前评价、事后评价、再评价以及绩效跟踪进行有效衔接，这并非要面面俱到，而是要根据公共文化领域的特点有所侧重，并健全相应的评价机制和评价流程，从而准确、客观、全面、有效地对公共文化财政支出的绩效进行评价。

三是建立健全多层次的公共文化财政支出绩效评价体系。地方政府在公共文化财政支出绩效评价的实践中，除了开展微观层面的项目绩效评价外，还应不断强化单位、部门以及综合的绩效评价。具体来说，项目绩效评价是单位绩效评价的重要构成，单位绩效评价则是部门绩效评价的基础，综合绩效评价是在部门绩效评价的基础上实施的综合性政策评价。只有四个层次的绩效评价有效衔接，才能最大化地发挥绩效评价的积极作用，不断提升公共文化预算管理的效能。

3. 精细化公共文化财政支出绩效评价的具体机制

应将公共文化财政支出绩效评价的具体机制精细化，增强绩效评价的可操作性，提升公共文化财政支出绩效评价机制的可推广性，最终实现标准化建设。

第一，完善公共文化财政支出绩效评价指标的设计。具体来说，首先，根据分级分类的绩效目标进一步细化现有的公共文化财政支出绩效评价指标，结合当年当地的文化发展形势，同时兼顾区域间的发展平衡性，实现绩效目标、绩效指标以及预算编制的契合，保证指标具有规范性、可行性和可操作性，从而明确各个项目、文化部门、行政单位的文化资金使用绩效责任，不断增强相关部门的绩效意识，提高绩效预算的编制质量。尤其是在“互联网 +”的时代背景下，公共文化财政支出绩效评价的基层落实要警惕和避免评价指标设计的形式主义等。其次，不仅要注重对易于量化的经济绩效的度量，更要注重对难以量化的社会绩效的度量，尤其是当前进入中国特色社会主义新时代，社会的主要矛盾发生变化，因此应聚焦公共文化服务领域发展不平衡与不充分的问题。再次，在绩效评价内容上明确关键和重点，聚焦公共文化财政支出的结果以及既定政策目标的完成程度。在上述绩效指标设计的基础上，通过实践进行检验，探索公共文化财政支出绩效评价的标准化，建立公共文化财政支出绩效评价的指标库和数据库。最后，运用多样化的公共文化财政支出绩效信息搜集与评价方法，在不同的发展阶段对公共文化财政支出绩效指标的权重进行动态调整。

第二，健全多方利益相关主体参与公共文化财政支出绩效评价的机制，改变以政府为主导的绩效评价模式，促进公共文化财政支出绩效评价的民主化。随着公民参与意识以及民众税感的增强，人们对财政资金的使用效益即是否用之于民越来越关注，在公共文化服务领域亦是如此。一方面，为了增强绩效评价的专业性与客观性，第三方主体参与便应运而生。中央政府对第三方主体参与绩效评价制定了相关政策，提出要建立公共文化服务第三方评价机制。公共文化服务具有一定的正外部性，而且公共文化服务的效益不会在短时间内显现，呈现一定的滞后性，因此需要借助第三方机构的专业性和权威性，对公共文化财政支出绩效进行科学、全面、准确的评价。政府应与第三方机构进行合作，充分发挥各个主体的优势，构建相对完善合理的公共文化财政支出绩效指标体系，但也要注意保证第三方机构的独立性与客观性。另一方面，可探索实施有效的民众参与公共文化财政支出绩效评价的模式。民众作为公共文化服务的接受主体，对服务供给质量的好坏有切身体验，因此民众作为一个主体参与到绩效评价的过程中可以将民众的偏好顺利传达给供给主体，从而促进公共文化服务供给与需求的精准匹配，也可提高政府的公信力。具体来说，可通过参与式预算的意见征询、满意度调查等形式获取民众的信息。另外，要切实发挥人大、政协在公共文化财政支出绩效评价中的积极作用。

第三，加强公共文化财政支出绩效评价结果的运用。应根据不同的绩效评价层次、层级、环节，有针对性地设计绩效评价结果的运用支撑体系，明确项目支出、文化部门整体支出以及特定文化政策支出绩效评价结果运用的侧重点。具体来说，项目支出绩效评价结果的运用需要聚焦于项目管理水平的提升，文化部门整体支出绩效评价结果的运用需要聚焦于单位的考核与部门预算的调整，特定文化政策支出绩效评价结果的运用需要聚焦于财政资源的优化配置。

第四，加强对公共文化财政支出绩效评价的监督和管理，不断提升绩效评价政策的执行力。一是促进公共文化财政支出绩效信息的公开，从而保证公共文化财政支出绩效评价的透明与规范。二是加强对公共文化财政支出绩效信息的监控与跟踪，各个部门或者各个行政层级在自评价的基础上定期汇报，上级文化部门要加强对下级地方政府公共文化财政资金使用和产出情况的监督与管理，尤其是在事中评价过程中，针对项目或者文化部门中存在的问题进行整改，避免出现偏离既定绩效目标的现象。三是促进第三方机构、专家学者以及公众在事前、事中、事后全程参与公共文化财政支出绩效评价，不断提高绩效评价的科学性与民主性。

第五，健全公共文化财政支出绩效评价的激励机制，不断深化绩效评价结果的应用，有效发挥绩效评价结果的约束力。绩效评价作用的发挥关键在于结果的应用，具体的应用方式包括直接意义上的反馈与整改、报告与公开，以及间接意义上的与预算安排挂钩、纳入综合考核的范畴等。具体来说，应将绩效评价结果同薪酬、补贴以及下一年度的预算编制等相结合，同时也需要考虑到各个地区的资源禀赋、地方财力等因素，形成对不同地区文化部门的激励约束机制。针对绩效评价结果较好的项目、文化部门或者单位，在下一年度预算编制或者转移支付分配时给予奖励和支持，相应地，对绩效评价结果不尽如人意的要实施相应的惩罚，督促其进一步整改优化。绩效问责的目的是通过对财政资金的使用和管理未达到既定目标的项目、部门或单位予以负向激励，保证绩效管理价值的有效发挥，不断优化财政支出结构，提高公共文化领域财政资金的使用效率和效益。

第六，促进公共文化财政支出绩效评价信息的及时公开，提升透明程度。公共文化服务属于关系民生的公共服务类别，将公共文化财政支出的绩效评价信息及时、有效地向社会大众公开，一方面可以接受其他利益相关主体的监督，优化公共文化财政支出决策，另一方面也可以促进绩效信息的社会化再利用，实现绩效信息的保值增值。另外，公共文化财政支出绩效评价信息在空间层面的外溢，可以促进地方政府在公共文化财政支出绩效方面展开标尺竞争，在良性竞争机制的推动下，最终有助于公共文化服务供给的优化。在公共文化财政支出绩效评价信息公开的具体内容上，除了现有的绩效评价报告外，一方面需要增加对评价报告的政策解读，确保绩效信息的可读性，另一方面需要公开公共文化财政支出绩效评价全过程信息以及绩效评价结果运用信息，从而增加透明度，推动绩效评价结果的切实运用。在公共文化财政支出绩效评价信息公开的方向上，应遍及上级政府、财政部门、业务部门、相关业务部门、社会公众与媒体。

4. 利用“互联网 +”优化公共文化财政支出绩效评价机制

我国已进入数字政府建设时代，在“放管服”改革的背景下，应将互联网技术与公共文化财政支出绩效评价相融合，内置于数字财政体系的顶层设计下，提高公共文化财政支出绩效评价的科学性和民主性。

首先，基于网络服务平台的载体构建“互联网 + 公共文化财政支出绩效评价”体系，继而搭建功能丰富的公共文化财政支出绩效评价信息管理平台。在网络通信技术不断升级的背景下，应将公共文化财政支出绩效评价指标体系的构建嫁接到网络上，在实现绩效评价流程优化或者再造的基础上，充分发挥网络突破时间与空间限制的优势，提高公共文化财政支出绩效评价本身的效率和效果。具体来说，将项目、部门、单位等多个层次以及事前、事中、事后评价等多个环节的支出数据按照统一的标准上传到管理平台，利用大数据优化绩效评价指标信息的搜集与分析，扩大信息搜集的范围，从而增强对公共文化财政资金使用去向的监督与管理。

其次，应鼓励和引导公民通过移动终端实时参与到公共文化财政支出绩效评价中，如对绩效信息进行上报，或对绩效评价体系建言献策，这将有助于提高公共文化财政支出绩效评价过程的透明度，增加信息收集的速度与广度，实现对信息的深度挖掘，促进政府文化部门与各利益相关主体的沟通与协调，加快公共文化财政支出绩效评价信息的共享，从而推动公共文化服务供给的优化。

最后，应将大数据、云计算、人工智能等新兴技术运用于公共文化财政支出绩效评价过程中，形成公共文化财政资金使用的数据库，通过不同部门、项目、主体之间的信息资源共享，实现绩效信息价值的最大化，并通过对绩效信息的深入分析，为公共文化财政支出绩效的改善提供决策参考。

附录 1 财政绩效评价和公共文化服务相关政策一览表

附表 1-1 财政绩效评价相关政策一览表

发布单位	印发时间	文件名称	主要内容
财政部	2005 年 5 月	《中央部门预算支出绩效考评管理办法（试行）》（财预〔2005〕86 号）	选取部分中央部门试点实施绩效考评，绩效考评对象由试点中央部门商财政部确定，以社会效益明显、部门自主决策程度大的项目为主，先易后难，稳步推进
财政部	2006 年 8 月	《关于完善和推进地方部门预算改革的意见》（财预〔2006〕406 号）	从绩效评价对象选择、程序设计、指标体系设计、结果运用等方面入手，对各地开展绩效评价工作提出要求，对绩效评价试点工作进一步规范
中共中央、国务院	2008 年 2 月	《关于深化行政管理体制改革的意见》	要求推行政府绩效管理和行政问责制度，建立科学合理的政府绩效评估指标体系和评估机制，健全对行政权力的监督制度
财政部	2009 年 6 月	《财政支出绩效评价管理暂行办法》（财预〔2009〕76 号）	明确财政支出绩效评价内涵，并对绩效评价主体、基本原则、评价对象和内容、绩效目标、评价指标、评价标准和方法、绩效评价的组织管理和工作程序、绩效报告和绩效评价报告等进行了较为详细的规定
财政部	2009 年 10 月	《财政部关于进一步推进中央部门预算项目支出绩效评价试点工作的通知》（财预〔2009〕390 号）	规范绩效评价各方职责和工作程序，完善绩效评价内容体系和评价文本，推进绩效评价结果公开

续表

发布单位	印发时间	文件名称	主要内容
财政部	2011 年 4 月	《财政支出绩效评价管理暂行办法》(财预〔2011〕285 号)	对 2009 年 6 月印发的《财政支出绩效评价管理暂行办法》(财预〔2009〕76 号)进行了如下修订：绩效评价的基本内容增加了“绩效目标的设定情况”，绩效评价对象更为明确，绩效目标内容进一步细化，绩效评价指标的确定原则增加了“可比性”项，对绩效工作程序、绩效评价工作报告进行了更为细致的规定，并附上相关财政支出绩效评价的统一规范模板
财政部	2011 年 7 月	《关于推进预算绩效管理的指导意见》(财预〔2011〕416 号)	强调预算评价从事后评价向事前、事中和事后的全过程评价转变
财政部	2011 年 7 月	《预算绩效管理工作考核办法（试行）》(财预〔2011〕433 号)	提出由财政部统一组织实施，对中央部门、省级财政部门的预算绩效管理工作进行年度考核
财政部	2012 年 9 月	《关于印发〈预算绩效管理工作规划（2012—2015 年）〉的通知》(财预〔2012〕396 号)	创新评价方式，逐步建立自我评价与外部评价相结合、定量评价与定性评价相结合的多种绩效评价方式，确保绩效评价结果的权威性、公正性
全国人大常委会	2014 年 8 月	《全国人大常委会关于修改〈预算法〉的决定》	要求厘清与现有预算体制的关系。各级预算应参考上一年预算执行情况、有关支出绩效评价结果进行编制，各级政府、各部门、各单位应当对预算支出情况开展绩效评价
财政部	2015 年 5 月	《中央部门预算绩效目标管理办法》(财预〔2015〕88 号)	对中央部门预算绩效目标的设定、审核、批复、调整与应用进行了系统阐释和规定
财政部预算评审中心	2015 年 6 月	《中国财政支出政策绩效评价框架体系》《财政支出政策绩效评价操作指南》	系统界定和阐述了财政支出政策绩效评价的内涵，提出了以结果为导向的财政支出政策绩效评价指标体系，财政支出绩效评价从项目绩效、专项绩效和部门整体绩效评价，向更高层面的支出政策绩效评价迈进

续表

发布单位	印发时间	文件名称	主要内容
财政部	2018年7月	《关于推进政府购买服务第三方绩效评价工作的指导意见》（财综〔2018〕42号）	通过第三方绩效评价推动政府购买服务改革，并决定于2018—2019年选取10个省、直辖市、计划单列市开展试点，探索完善政府购买服务绩效指标体系，提升财政资金效益和政府公共服务管理水平
中共中央、国务院	2018年9月	《中共中央 国务院关于全面实施预算绩效管理的意见》（中发〔2018〕34号）	明确提出“通过自评和外部评价相结合的方式，对预算执行情况开展绩效评价”“实现绩效评价结果与预算安排和政策调整挂钩”
财政部	2018年11月	《关于贯彻落实〈中共中央 国务院关于全面实施预算绩效管理的意见〉的通知》（财预〔2018〕167号）	到2020年底中央部门和省级层面要基本建成全方位、全过程、全覆盖的预算绩效管理体系；到2022年底市县层面要基本建成全方位、全过程、全覆盖的预算绩效管理体系
财政部办公厅	2019年1月	《2019年预算绩效管理重点工作任务》（财办预〔2019〕15号）	围绕“全方位、全过程、全覆盖”实施预算绩效管理，明确了2019—2020年计划修订或出台的预算绩效管理制度清单
财政部	2019年7月	《中央部门预算绩效运行监控管理暂行办法》（财预〔2019〕136号）	由财政部统一组织、中央部门分级实施，对预算执行情况和绩效目标实现程度开展监督、控制和管理
财政部	2020年2月	《项目支出绩效评价管理办法》（财预〔2020〕10号）	新的办法主要对绩效评价范围、评价体系、评价指标、标准和方法、评价结果的约束力进行了修订完善，并新增了责任追究机制
国务院	2020年7月	《中华人民共和国预算法实施条例（修订草案）》	对财政支出向社会公开做出明确规定。为提高财政资金使用时效，规定县级以上各级政府按一定比例，将下一年度转移支付提前下达至下一级政府

附表 1-2　公共文化服务相关政策一览表

发布单位	印发时间	文件名称	主要内容
中共中央	2005 年 10 月	《中共中央关于制定国民经济和社会发展第十一个五年规划的建议》	提出“逐步形成覆盖全社会的比较完备的公共文化服务体系”
中共中央、国务院	2005 年 12 月	《关于深化文化体制改革的若干意见》	明确了文化体制改革的指导思想、原则要求和目标任务。意见提出要调整资源配置，逐步构建公共文化服务体系；加大农村文化基础设施建设投入，逐步解决农村文化产品和服务相对缺乏的问题，丰富农民群众精神文化生活；完善城市社区文化设施，加强文物保护，扶持民族优秀传统文化；继续支持中西部地区、老少边穷地区建设和改造文化服务网络；改进和完善国家扶持方式，坚持和完善有关文化领域的重点扶持政策和措施；以项目投入为手段，以激发活力为目标，提高资金的使用效益
中共中央办公厅、国务院办公厅	2006 年 9 月	《国家“十一五”时期文化发展规划纲要》	“十一五”时期文化发展的重点之一是抓好基层文化建设，加大力度改善农村及中西部地区公共文化基础设施条件，完善公共文化服务体系，保障农民和城市低收入群体的基本文化权益。坚持公共服务普遍均等原则，兼顾城乡之间、地区之间的协调发展，统筹规划，合理安排，形成实用、便捷、高效的公共文化服务网络。完善公共文化设施网络布局、创新公共文化服务方式、健全公共文化服务组织体制和运行机制、切实维护低收入和特殊群体的基本文化权益，以完善公共文化服务网络

续表

发布单位	印发时间	文件名称	主要内容
中共中央办公厅、国务院办公厅	2007年8月	《关于加强公共文化服务体系建设的若干意见》	公共文化服务体系建设的目标任务是按照结构合理、发展均衡、网络健全、运行有效、惠及全民的原则，以政府为主导、以公益性文化单位为骨干、鼓励全社会积极参与，努力建设以公共文化产品生产供给、设施网络、资金人才技术保障、组织支撑和运行评估为基本框架的覆盖全社会的公共文化服务体系，切实保障人民群众看电视、听广播、读书看报、进行公共文化鉴赏、参加大众文化活动等基本文化权益
原文化部	2007年7月	《文化标准化中长期发展规划（2007—2020）》	在2010年以前，逐步开展文化标准化基础理论研究、文化行业技术标准体系研究、公共文化服务标准体系研究等，加强公共文化服务体系的标准化建设。加强公共文化体系服务标准的制定实施，努力改善公共文化服务体系的社会服务功能和社会效益。制定实施以服务为核心，以群众满意度为基本准则的公共文化服务标准，推动全国公共文化服务体系的规范化服务。制（修）订公共文化体系的建设标准、建筑设计规范、文化设施价值评价体系等一系列的文化标准。鼓励和扶持区域性公共文化服务体系的规范化、标准化建设，促进基层文化事业发展
原文化部、财政部	2010年12月	《关于开展国家公共文化服务体系示范区（项目）创建工作的通知》（文社文发〔2010〕49号）	提出按照公益性、均等性、基本性、便利性的要求，在全国创建一批网络健全、结构合理、发展均衡、运行有效的公共文化服务体系示范区，培育一批具有创新性、带动性、导向性、科学性的公共文化服务体系项目，为我国公共文化服务体系建设探索经验、提供示范，推动公共文化服务体系建设科学发展

续表

发布单位	印发时间	文件名称	主要内容
中共中央	2011年10月	《中共中央关于深化文化体制改革 推动社会主义文化大发展大繁荣若干重大问题的决定》	全会做出建设社会主义文化强国的战略部署，提出到2020年之前实现文化事业全面繁荣，覆盖全社会的公共文化服务体系基本建立，努力实现基本公共文化服务均等化的奋斗目标
原文化部	2013年1月	《“十二五”时期公共文化服务体系建设实施纲要》	到2015年，覆盖城乡、结构合理、功能健全、实用高效的公共文化服务体系初步建立，我国公共文化设施网络将更加完善，服务运行机制进一步健全，服务效能明显提高，人民群众基本文化权益将得到更好保障
财政部、原文化部	2013年6月	《中央补助地方美术馆、公共图书馆、文化馆（站）免费开放专项资金管理暂行办法》（财教〔2013〕98号）	规定由中央财政设立专项资金，用于支持文化主管部门归口管理的地市级和县级美术馆、公共图书馆、文化馆以及乡镇综合文化站免费开展基本公共文化服务，并对专项资金管理和使用原则、补助范围、标准与支出内容进行了详细规定，对东、中、西部地区分别确定补助标准，安排补助资金，同时强调加强对专项资金使用情况的管理和监督检查或绩效评价
中共中央	2013年11月	《中共中央关于全面深化改革若干重大问题的决定》	构建现代公共文化服务体系，建立公共文化服务体系建设协调机制，统筹服务设施网络建设，促进基本公共文化服务标准化、均等化。引入竞争机制，推动公共文化服务社会化发展。鼓励社会力量、社会资本参与公共文化服务体系建设，培育文化非营利组织

续表

发布单位	印发时间	文件名称	主要内容
中共中央办公厅、国务院办公厅	2015年1月	《关于加快构建现代公共文化服务体系的意见》	指出构建现代公共文化服务体系应坚持正确导向、社会参与、共建共享、改革创新的基本原则，并确立了到2020年，基本建成覆盖城乡、便捷高效、保基本、促公平的现代公共文化服务体系的主要目标。意见还就统筹推进公共文化服务均衡发展、增强公共文化服务发展动力、加强公共文化产品和服务供给、推进公共文化服务与科技融合发展、创新公共文化管理体制和运行机制、加大公共文化服务保障力度等进行了详细规定
原文化部、财政部、原新闻出版广电总局、体育总局	2015年5月	《关于做好政府向社会力量购买公共文化服务工作的意见》	到2020年，在全国基本建立比较完善的政府向社会力量购买公共文化服务体系，形成与经济社会发展水平相适应、与人民群众精神文化和体育健身需求相符合的公共文化资源配置机制和供给机制，社会力量参与和提供公共文化服务的氛围更加浓厚，公共文化服务内容日益丰富，公共文化服务质量和效率显著提高
国务院办公厅	2015年10月	《关于推进基层综合性文化服务中心建设的指导意见》	针对设施不足、供给不足及条块分割、重复建设、多头管理等基层公共文化服务的短板，意见给出了现代基层公共文化服务可持续发展的一揽子政策，并提出到2020年，全国范围的乡镇（街道）和村（社区）普遍建成集宣传文化、党员教育、科学普及、普法教育、体育健身等功能于一体，资源充足、设备齐全、服务规范、保障有力、群众满意度较高的基层综合性公共文化设施和场所，形成一套符合实际、运行良好的管理体制和运行机制，建立一支扎根基层、专兼职结合、综合素质高的基层文化队伍

续表

发布单位	印发时间	文件名称	主要内容
中共中央	2015年10月	《中共中央关于制定国民经济和社会发展第十三个五年规划的建议》	把“公共文化服务体系基本建成”纳入“十三五”时期经济社会发展主要目标，提出要推动基本公共文化服务标准化、均等化发展，引导文化资源向城乡基层倾斜，创新文化服务方式，保障人民基本文化权益
原文化部、国家发展改革委、国家民委、财政部、原国家新闻出版广电总局、体育总局、原国务院扶贫办	2015年12月	《“十三五”时期贫困地区公共文化服务体系建设规划纲要》	到2020年，贫困地区基本公共文化服务主要指标接近全国平均水平，扭转发展差距扩大趋势；针对贫困地区公共文化建设亟须解决的突出问题，从设施建设、服务内容、服务效能、数字化、人才队伍建设、文化帮扶等方面策划了29个项目，作为推动落实贫困地区公共文化建设主要任务的具体抓手
全国人大	2016年12月	《公共文化服务保障法》	对构建现代公共文化服务体系、提高公共文化服务效能做了比较全面的规定
国务院	2017年1月	《“十三五”推进基本公共服务均等化规划》	将包括基本公共文化体育服务在内的基本公共服务总体实现均等化作为规划的重要目标
原文化部	2017年2月	《“十三五”时期文化发展改革规划》	构建体现时代发展趋势、符合文化发展规律、具有中国特色的现代公共文化服务体系，全面推进基本公共文化服务标准化、均等化，完善公共文化设施网络，加大贫困地区公共文化服务体系建设力度，提高公共文化服务效能，推动公共文化服务社会化发展，全面加强边境地区文化建设

续表

发布单位	印发时间	文件名称	主要内容
中共中央办公厅、国务院办公厅	2017年5月	《国家“十三五”时期文化发展改革规划纲要》	加快现代公共文化服务体系建设，构建普惠性、保基本、均等化、可持续的现代公共文化服务体系，完善公共文化服务网络，推动基层公共文化设施资源共建共享，创新公共文化服务运行机制，推动老少边贫地区公共文化跨越发展
原文化部	2017年7月	《“十三五”时期全国公共图书馆事业发展规划》	明确了公共图书馆发展的重点任务和发展目标
文旅部办公厅、国家文物局办公室	2019年10月	《公共文化服务领域基层政务公开标准指引》	标准目录明确了公共文化服务领域行政许可、行政处罚、行政强制、公共服务4个方面45项基层政务公开事项，规范了每一事项的公开内容、公开依据、公开时限、公开主体、公开渠道和载体、公开对象、公开方式和公开层级。公共文化服务领域基层政务公开工作实行四级联动、协同推进的工作机制
国务院办公厅	2020年6月	《公共文化领域中央与地方财政事权和支出责任划分改革方案》	从基本公共文化服务、文化艺术创作扶持、文化遗产保护传承、文化交流、能力建设等方面划分公共文化领域中央与地方财政事权和支出责任

附录 2 公共文化财政投入和产出相关数据

附表 2-1 2000—2019 年全国文化事业费及增速

年份	全国文化事业费 / 亿元	全国文化事业费增速 /%	年份	全国文化事业费 / 亿元	全国文化事业费增速 /%
2000	63.2	13.6	2010	323.1	10.5
2001	71.0	12.4	2011	392.6	21.5
2002	83.7	17.8	2012	480.1	22.3
2003	94.0	12.4	2013	530.5	10.5
2004	113.6	20.8	2014	583.4	10.0
2005	133.8	17.8	2015	683.0	17.1
2006	158.0	18.1	2016	770.7	12.8
2007	199.0	25.9	2017	855.8	11.0
2008	248.0	24.7	2018	928.3	8.5
2009	292.3	17.8	2019	1065.0	14.7

资料来源：《中国文化和旅游统计年鉴（2019）》《2019 年文化和旅游发展统计公报》。

附表 2-2 1978—2019 年全国文化事业费及其占国家财政支出比重情况

年份（时期）	文化事业费 / 亿元	国家财政总支出 / 亿元	比重 /%	年份（时期）	文化事业费 / 亿元	国家财政总支出 / 亿元	比重 /%
1978	4.44	1122.09	0.40	1986	10.74	2204.91	0.49
1979	5.84	1281.79	0.46	1987	10.77	2262.18	0.48
1980	5.61	1228.83	0.46	1988	12.18	2491.21	0.49
“六五”	36.03	7483.18	0.48	1989	13.57	2823.78	0.48
1985	9.32	2004.25	0.47	1990	15.19	3083.59	0.49
“七五”	62.45	12865.67	0.49	“八五”	121.33	24387.46	0.50

续表

年份（时期）	文化事业费 / 亿元	国家财政总支出 / 亿元	比重 /%	年份（时期）	文化事业费 / 亿元	国家财政总支出 / 亿元	比重 /%
1991	17.28	3386.62	0.51	“十一五”	1220.40	318970.80	0.38
1992	19.46	3742.20	0.52	2006	158.03	40422.73	0.39
1993	22.37	4642.30	0.48	2007	198.96	49781.35	0.40
1994	28.83	5792.62	0.50	2008	248.04	62592.66	0.40
1995	33.39	6823.72	0.49	2009	292.31	76299.93	0.38
“九五”	254.51	57043.46	0.45	2010	323.06	89874.16	0.36
1996	38.77	7937.55	0.49	“十二五”	2669.62	703076.20	0.38
1997	46.19	9233.56	0.50	2011	392.62	109247.80	0.36
1998	50.78	10798.18	0.47	2012	480.10	125953.00	0.38
1999	55.61	13187.67	0.42	2013	530.49	140212.10	0.38
2000	63.16	15886.50	0.40	2014	583.44	151785.60	0.38
“十五”	496.13	128022.90	0.39	2015	682.97	175877.80	0.39
2001	70.99	18902.58	0.38	“十三五”	3619.84	850621.10	0.43
2002	83.66	22053.15	0.38	2016	770.69	187755.20	0.41
2003	94.03	24649.95	0.38	2017	855.80	203085.50	0.42
2004	113.63	28486.89	0.40	2018	928.33	220906.40	0.42
2005	133.82	33930.28	0.39	2019	1065.00	238874.00	0.45

资料来源：《中国文化和旅游统计年鉴（2019）》《2019 年文化和旅游发展统计公报》。

附表 2-3　2002—2019 年全国文化旅游体育与传媒支出及其占国家财政支出比重情况

年份	文化旅游体育与传媒支出 / 亿元	国家财政支出 / 亿元	比重 /%	年份	文化旅游体育与传媒支出 / 亿元	国家财政支出 / 亿元	比重 /%
2002	429.2	22053.2	1.95	2008	1095.7	62592.7	1.75
2003	489.3	24650.0	1.99	2009	1393.1	76299.9	1.83
2004	587.1	28486.9	2.06	2010	1542.7	89874.2	1.72
2005	703.4	33930.3	2.07	2011	1893.4	109247.8	1.73
2006	842.0	40422.7	2.08	2012	2268.4	125953.0	1.80
2007	898.6	49781.4	1.81	2013	2544.4	140212.1	1.81

续表

年份	文化旅游体育与传媒支出 / 亿元	国家财政支出 / 亿元	比重 /%	年份	文化旅游体育与传媒支出 / 亿元	国家财政支出 / 亿元	比重 /%
2014	2691.5	151785.6	1.77	2017	3391.9	203085.5	1.67
2015	3076.6	175877.8	1.75	2018	3537.9	220904.1	1.60
2016	3163.1	187755.2	1.68	2019	4086.3	238858.4	1.71

资料来源：《中国统计年鉴（2003—2019）》。

附表 2-4　2000—2019 年全国文化事业费和财政收入增速

单位：%

年份	文化事业费增速	财政收入增速	年份	文化事业费增速	财政收入增速
2000	13.6	17.0	2010	10.5	21.0
2001	12.4	22.0	2011	21.5	25.0
2002	17.8	15.0	2012	22.3	13.0
2003	12.4	15.0	2013	10.5	10.0
2004	20.8	22.0	2014	10.0	9.0
2005	17.8	20.0	2015	17.1	8.0
2006	18.1	22.0	2016	12.8	5.0
2007	25.9	32.0	2017	11.0	8.0
2008	24.7	20.0	2018	8.5	6.0
2009	17.8	12.0	2019	14.7	4.0

资料来源：《中国文化文物统计年鉴（2001—2018）》《中国文化和旅游统计年鉴（2019）》《中国统计年鉴（2001—2019）》《2019 年文化和旅游发展统计公报》。

附表 2-5　2000—2019 年全国人均文化事业费及增速

年份	人均文化事业费 / 元	人均文化事业费增速 /%	年份	人均文化事业费 / 元	人均文化事业费增速 /%
2000	4.98	13	2003	7.28	12
2001	5.56	12	2004	8.74	20
2002	6.51	17	2005	10.23	17

续表

年份	人均文化事业费 / 元	人均文化事业费增速 /%	年份	人均文化事业费 / 元	人均文化事业费增速 /%
2006	12.02	17	2013	38.99	10
2007	15.06	25	2014	42.65	9
2008	18.68	24	2015	49.68	16
2009	21.90	17	2016	55.74	12
2010	24.09	10	2017	61.56	10
2011	29.14	21	2018	66.53	8
2012	35.46	22	2019	76.05	14

资料来源：根据《中国文化文物统计年鉴（2001—2018）》《中国文化和旅游统计年鉴（2019）》《2019 年文化和旅游发展统计公报》《中国统计年鉴（2019）》数据整理计算。

附表 2-6　2000—2019 年全国公共图书馆资源情况

年份	图书馆机构数 / 个	从业人数 / 人	总藏量 / 万册	平均每万人公共图书馆面积 / 平方米	人均公共图书馆藏量 / 册
2000	2675	51342	40953	47.30	0.32
2001	2696	48579	42130	44.02	0.32
2002	2697	48447	42683	45.37	0.33
2003	2709	49646	43776	45.55	0.34
2004	2720	49069	46152	48.09	0.36
2005	2762	50423	48056	51.80	0.37
2006	2778	51311	50024	54.70	0.38
2007	2799	51650	52053	56.10	0.39
2008	2820	52021	55064	58.70	0.41
2009	2850	52688	58521	63.70	0.44
2010	2884	53564	61726	67.20	0.46
2011	2952	54475	63896	73.80	0.47
2012	3076	54997	68827	78.20	0.51
2013	3112	56320	74896	85.10	0.55
2014	3117	56071	79092	90.00	0.58

续表

年份	图书馆机构数 / 个	从业人数 / 人	总藏量 / 万册	平均每万人公共图书馆面积 / 平方米	人均公共图书馆藏量 / 册
2015	3139	56422	83844	94.70	0.61
2016	3154	57219	90163	103.00	0.65
2017	3166	57567	96953	109.00	0.70
2018	3176	57602	103716	114.40	0.74
2019	3196	57796	111781	121.40	0.79

资料来源：根据《中国文化文物统计年鉴（2001—2018）》《中国文化和旅游统计年鉴（2019）》《2019 年文化和旅游发展统计公报》《中国统计年鉴（2019）》数据整理计算。

附表 2-7　2000—2019 年全国群众文化机构基本情况

年份	机构数 / 个	从业人数 / 人	举办展览个数 / 个	组织文艺活动次数 / 次	举办训练班次数 / 次
2000	45321	128420	91670	276574	143370
2001	43397	120156	89392	284316	156089
2002	42516	119072	92917	301792	137350
2003	41816	123458	93514	327306	154502
2004	41402	121441	116639	401818	165823
2005	41588	122500	111300	391439	190194
2006	40088	123465	141150	497779	218696
2007	40601	128096	90900	546477	242055
2008	41156	131142	100877	473613	299791
2009	41959	137484	110251	555052	304955
2010	43382	141002	117353	576799	358719
2011	43675	147732	107785	620586	339883
2012	43876	156228	114774	688482	387201
2013	44260	164355	138225	740611	390758
2014	44423	170299	131728	845421	469300
2015	44291	173499	139792	959901	536328
2016	44497	182030	150128	1065287	590516

续表

年份	机构数 / 个	从业人数 / 人	举办展览个数 / 个	组织文艺活动次数 / 次	举办训练班次数 / 次
2017	44521	180911	154106	1114261	675852
2018	44464	185636	158742	1231269	768995
2019	44073	190068	—	—	—

资料来源：根据《中国文化文物统计年鉴（2001—2018）》《中国文化和旅游统计年鉴（2019）》《2019 年文化和旅游发展统计公报》《中国统计年鉴（2019）》数据整理计算。

附表 2-8　2000—2018 年东、中、西部文化事业费支出情况

单位：万元

年份	东部地区	中部地区	西部地区	年份	东部地区	中部地区	西部地区
2000	288502	150532	137059	2010	1433533	786500	857828
2001	335597	180135	158772	2011	1741881	913579	1085899
2002	393812	208250	189957	2012	2115641	1077804	1395274
2003	461807	221986	204434	2013	2314078	1200058	1521595
2004	532247	258852	243432	2014	2429812	1334632	1711515
2005	643744	305776	275646	2015	2878695	1642719	1938675
2006	744459	356012	342463	2016	3336229	1847987	2181653
2007	927002	444664	427035	2017	3817112	2132962	2306996
2008	1133121	558792	587618	2018	4162374	2327119	2429358
2009	1292203	722321	701495				

资料来源：根据《中国文化文物统计年鉴（2001—2018）》《中国文化和旅游统计年鉴（2019）》《2019 年文化和旅游发展统计公报》《中国统计年鉴（2019）》数据整理计算。

附表 2-9　2000—2018 年东、中、西部文化事业费占财政支出比重情况

单位：%

年份	东部地区	中部地区	西部地区	年份	东部地区	中部地区	西部地区
2000	0.601	0.493	0.527	2002	0.576	0.477	0.466
2001	0.568	0.474	0.464	2003	0.576	0.457	0.471

续表

年份	东部地区	中部地区	西部地区	年份	东部地区	中部地区	西部地区
2004	0.559	0.436	0.474	2012	0.508	0.324	0.432
2005	0.553	0.421	0.441	2013	0.491	0.324	0.428
2006	0.545	0.389	0.449	2014	0.479	0.336	0.441
2007	0.547	0.386	0.434	2015	0.471	0.358	0.446
2008	0.549	0.377	0.427	2016	0.513	0.377	0.471
2009	0.521	0.387	0.399	2017	0.548	0.399	0.460
2010	0.478	0.349	0.401	2018	0.553	0.399	0.445
2011	0.473	0.321	0.396				

资料来源：根据《中国文化文物统计年鉴（2001—2018）》《中国文化和旅游统计年鉴（2019）》《中国统计年鉴（2019）》数据整理计算。

附表 2-10　2000—2018 年东、中、西部人均文化事业费情况

单位：元

年份	东部地区	中部地区	西部地区	年份	东部地区	中部地区	西部地区
2000	7.00	3.06	3.85	2010	30.52	15.62	23.78
2001	8.08	3.65	4.46	2011	36.80	18.09	29.98
2002	9.39	4.20	5.31	2012	44.38	21.26	38.30
2003	10.91	4.45	5.68	2013	48.23	23.58	41.53
2004	12.42	5.17	6.75	2014	50.33	26.10	46.46
2005	14.88	6.19	7.67	2015	59.28	31.97	52.21
2006	16.93	7.19	9.51	2016	68.17	35.79	58.31
2007	20.75	8.96	11.83	2017	77.45	41.14	61.20
2008	25.00	11.21	16.21	2018	83.89	44.69	64.00
2009	28.10	14.43	19.28				

资料来源：根据《中国文化文物统计年鉴（2001—2018）》《中国文化和旅游统计年鉴（2019）》《中国统计年鉴（2019）》数据整理计算。

附表 2-11　2000—2018 年东、中、西部每万人公共图书馆藏量情况

单位：册

年份	东部地区	中部地区	西部地区	年份	东部地区	中部地区	西部地区
2000	0.454	0.217	0.262	2010	0.656	0.299	0.360
2001	0.462	0.223	0.262	2011	0.677	0.309	0.367
2002	0.472	0.223	0.263	2012	0.732	0.328	0.390
2003	0.482	0.228	0.267	2013	0.793	0.356	0.422
2004	0.501	0.241	0.282	2014	0.832	0.368	0.454
2005	0.532	0.245	0.291	2015	0.887	0.387	0.467
2006	0.550	0.254	0.297	2016	0.952	0.415	0.494
2007	0.569	0.263	0.304	2017	1.017	0.451	0.521
2008	0.597	0.273	0.323	2018	1.093	0.484	0.536
2009	0.634	0.286	0.336				

资料来源：根据《中国文化文物统计年鉴（2001—2018）》《中国文化和旅游统计年鉴（2019）》《中国统计年鉴（2019）》数据整理计算。

附表 2-12　2000—2019 年全国文化事业费城乡情况

单位：亿元

年份	县以上	县及县以下	年份	县以上	县及县以下
2000	46.33	16.87	2012	243.08	237.02
2005	98.12	35.70	2013	272.67	257.82
2006	44.60	113.43	2014	292.12	291.32
2007	56.13	142.83	2015	352.84	330.13
2008	66.59	181.45	2016	371.00	399.68
2009	86.03	206.29	2017	398.35	457.45
2010	206.65	116.41	2018	424.96	503.37
2011	205.50	187.12	2019	516.91	548.11

资料来源：2012—2017 年《文化发展统计公报》、2018—2019 年《文化和旅游发展统计公报》。

附表 2-13　2006—2018 年中央对地方文化项目补助资金情况

单位：亿元

年份	补助资金	年份	补助资金
2006	2.49	2013	48.80
2007	8.93	2014	46.95
2008	21.67	2015	47.80
2009	30.59	2016	61.03
2010	36.55	2017	50.21
2011	35.97	2018	50.51
2012	42.97		

资料来源：2012—2017 年《文化发展统计公报》、2018—2019 年《文化和旅游发展统计公报》。

附表 2-14　2018 年 31 个省份公共文化财政投入和产出指标情况

省份	地区文化事业费 / 万元	文化事业费占财政支出比重 /%	公共文化机构数 / 个	公共文化机构从业人员数 / 人	公共图书馆总流通人次 / 万人次	群众文化机构文化服务惠及人次 / 万人次	艺术场馆观众人次 / 万人次	文物机构参观人次 / 万人次
北京	348420	0.47	988	39556	1903	1371	1007	3782
天津	179249	0.58	564	8336	1226	488	400	1400
河北	270383	0.35	3620	29692	2371	2027	159	4354
山西	233500	0.54	2999	40795	1620	1443	443	3361
内蒙古	278556	0.58	1834	18874	1252	1269	242	1297
辽宁	168389	0.32	2195	19399	2850	1242	1402	2118
吉林	216221	0.57	1370	12942	812	1274	148	1045
黑龙江	165654	0.35	2189	15890	1131	1254	155	2154
上海	478666	0.57	673	21037	3036	2624	490	2598
江苏	620416	0.53	2859	38135	8114	3512	1069	9783
浙江	668737	0.78	4027	73663	11875	7842	1326	10414

续表

省份	地区文化事业费/万元	文化事业费占财政支出比重/%	公共文化机构数/个	公共文化机构从业人员数/人	公共图书馆总流通人次/万人次	群众文化机构文化服务惠及人次/万人次	艺术场馆观众人次/万人次	文物机构参观人次/万人次
安徽	198574	0.30	4974	56526	3341	2907	679	3280
福建	280744	0.58	2021	23299	3355	1405	218	3771
江西	159461	0.28	2680	26065	1754	1531	315	3979
山东	423072	0.42	3792	43705	4578	5320	585	8653
河南	277635	0.30	5599	78412	3360	3472	309	7223
湖北	421351	0.58	2410	26470	2577	2621	308	4499
湖南	313189	0.42	3587	30780	2478	2324	762	6154
广东	994681	0.63	2720	37913	10518	6664	1717	5830
广西	209235	0.39	1812	16456	2385	2860	190	2034
海南	71151	0.42	414	6949	578	312	660	402
重庆	212048	0.47	2871	28578	1604	2052	128	3798
四川	430242	0.44	6434	39132	2562	4196	303	7884
贵州	177391	0.35	2168	14298	882	1736	10	2070
云南	299680	0.49	2334	21007	1695	2620	93	2873
西藏	100867	0.51	2362	9840	35	299	4	769
陕西	219126	0.41	2939	46374	1525	1761	373	8607
甘肃	180010	0.48	2375	26330	834	1296	177	3204
青海	83738	0.51	695	4927	156	538	106	189
宁夏	69172	0.48	466	6372	512	550	106	1155
新疆	169293	0.34	1784	14647	566	1760	120	743

资料来源：《中国文化和旅游统计年鉴（2019）》。

附表 2-15　2011 年 31 个省份公共文化财政投入和产出指标情况

省份	地区文化事业费 / 万元	文化事业费占财政支出比重 /%	公共文化机构数 / 个	公共文化机构从业人员数 / 人	公共图书馆总流通人次 / 万人次	群众文化机构文化服务惠及人次 / 万人次	艺术场馆观众人次 / 万人次	文物机构参观人次 / 万人次
北京	179115	0.55	647	15266	726	769	932	1373
天津	74595	0.42	428	6846	572	300	145	424
河北	93048	0.26	3219	26413	796	1037	304	2196
山西	111854	0.47	2303	26287	398	934	281	1639
内蒙古	127692	0.43	1520	15132	373	707	92	687
辽宁	109256	0.28	2093	18007	1553	1395	283	1095
吉林	93047	0.42	1253	11751	611	720	106	743
黑龙江	87957	0.31	2113	14344	694	630	103	1278
上海	241757	0.62	516	19222	1926	1985	1008	814
江苏	228144	0.37	2363	27320	3542	1497	1608	5461
浙江	288595	0.75	2490	33728	3971	2369	1309	3468
安徽	91387	0.28	3233	29420	1176	974	209	2703
福建	107639	0.49	1951	23045	1315	790	162	1689
江西	69643	0.27	2413	14275	756	756	133	2062
山东	175411	0.35	2739	27206	1915	2442	307	2205
河南	122440	0.29	3600	44863	1334	1782	322	3542
湖北	108101	0.34	1911	20568	1342	1781	303	1784
湖南	98805	0.28	3142	19845	1215	1748	451	3218
广东	337369	0.50	2605	35942	6072	4627	1194	2964
广西	82743	0.33	1725	13356	1231	1376	131	1074
海南	37297	0.48	389	5578	150	187	64	246
重庆	93801	0.36	1501	11593	777	1316	543	1762
四川	205784	0.44	5760	29125	1433	2748	218	4144

续表

省份	地区文化事业费 / 万元	文化事业费占财政支出比重 /%	公共文化机构数 / 个	公共文化机构从业人员数 / 人	公共图书馆总流通人次 / 万人次	群众文化机构文化服务惠及人次 / 万人次	艺术场馆观众人次 / 万人次	文物机构参观人次 / 万人次
贵州	74805	0.33	1870	10492	314	812	41	1083
云南	121629	0.42	2085	15799	993	1676	92	1098
西藏	19239	0.25	866	7057	3	65	35	260
陕西	119207	0.41	2452	26601	560	954	266	3109
甘肃	83375	0.47	1852	14361	473	600	81	1477
青海	34114	0.35	584	3382	96	144	38	83
宁夏	35539	0.50	360	4287	233	401	1	194
新疆	87971	0.39	1724	12213	425	1238	104	631

资料来源：《中国文化文物统计年鉴（2012）》。

附录3 Matlab 程序

```
X=M（:, 1: 2）;
Z=M（:, 3: 4）;
Y=M（:, 5）;
[n, m] =size（X）;
%% 共享投入关联两阶段 DEA Matlab 程序
for i=1: n
m=length（X（1, :））;  % X 初始投入，个数为 m
q=length（Z（1, :））;  % Z 中间产品，个数为 q
s=length（Y（1, :））;  % Y 最终产出，个数为 s
%% 等式约束  Aeq*x=1;
Aeq= [X（i,:）-X（i,:）X（i,:）zeros（1, q）Z（i,:）zeros（1, s）];
Beq=1;
%% 不等式约束  A*x<b
A=- [X zeros（n, m）zeros（n, m）-Z zeros（n, q）zeros（n, s）;
zeros（n, m）-X X zeros（n, q）Z-Y;
zeros（m, m）-eye（m）eye（m）zeros（m, 2*q+s）; ];
b=zeros（m+2*n, 1）;
%% 线性规划目标函数 obj=f*x
```

```
f=-[zeros(1, 3*m) zeros(1, 2*q) Y(i, :)]; % 最终产出最大
%% 带求解变量x下限
epslion=0.0000001;
LB=[epslion*ones(1, 3*m+2*q+s)];
[x, fval, exitflag]=linprog(f, A, b, Aeq, Beq, LB, [], []);
%% 计算阶段效率
E1(i, 1)=(Z(i,:)*x(3*m+1: 3*m+q))/(X(i,:)*x(1: m));
E2(i, 1)=(Y(i,:)*x(3*m+2*q+1: 3*m+2*q+s))/(X(i,:)
*x(2*m+1: 3*m)-X(i,:)*x(m+1: 2*m)+Z(i,:)*x(3*m+q+1:
3*m+2*q));
E(i, 1)=-fval;
end
```